"十四五" 职业教育国家规划教材

职业教育校企合作精品教材

销售心理学
（第3版）

主　编　尚　华

电子工业出版社·

Publishing House of Electronics Industry

北京·BEIJING

内 容 简 介

本书综合运用心理学和市场营销学的理论方法，阐述现代销售心理学的基本理论和销售心理策略。全书共 9 个项目，项目一～项目四以心理学理论知识做铺垫，着重介绍和分析消费者的心理现象；项目五～项目八着重介绍消费者行为和影响消费者行为的因素；项目九着重介绍销售人员心理和销售关系。书中插入大量与教学内容密切相关的图表、心理学小常识和心理测试量表，力求图文并茂，突出可读性、趣味性。

本书既可作为市场营销、电子商务、工商管理等相关专业的教学用书，也可作为终端零售业等行业市场营销岗位从业人员的培训教材。

图书在版编目（CIP）数据

销售心理学/尚华主编. —3 版. —北京：电子工业出版社，2022.2
ISBN 978-7-121-42926-2

Ⅰ．①销…　Ⅱ．①尚…　Ⅲ．①销售–商业心理学–中等专业学校–教材　Ⅳ．①F713.55

中国版本图书馆 CIP 数据核字（2022）第 024499 号

责任编辑：王志宇

印　　刷：中煤（北京）印务有限公司
装　　订：中煤（北京）印务有限公司
出版发行：电子工业出版社
　　　　　北京市海淀区万寿路 173 信箱　邮编 100036
开　　本：880×1 230　1/16　印张：11　字数：248 千字
版　　次：2014 年 8 月第 1 版
　　　　　2022 年 2 月第 3 版
印　　次：2025 年 3 月第 16 次印刷
定　　价：39.00 元

职业教育校企合作精品教材
出版说明

　　为深入贯彻落实《河南省职业教育校企合作促进办法（试行）》（豫政〔2012〕48号）精神，切实推进职教攻坚二期工程，我们在深入行业、企业、职业院校调研的基础上，经过充分论证，按照校企"1+1"双主编与校企编者"1:1"的原则要求，组织相关职业院校一线骨干教师和行业、企业专家，编写了河南省中等职业学校市场营销专业的校企合作精品教材。

　　这套校企合作精品教材的特征主要体现在以下几点：一是注重与行业的联系，实现专业课程内容与职业标准对接，学历证书与职业资格证书对接；二是注重与企业的联系，将"新技术、新知识、新工艺、新方法"及时编入教材，使教材内容更具前瞻性、针对性和实用性；三是反映技术技能型人才培养规律，把职业岗位需要的技能、知识、素质有机地整合到一起，真正实现教材由以知识体系为主向以技能体系为主的跨越；四是教学过程对接生产过程，充分体现"做中学、做中教""做、学、教"一体化的职业教育教学特色。我们力争通过本套教材的出版和使用，为全面推行"校企合作、工学结合、顶岗实习"人才培养模式的实施提供教材保障，为深入推进职业教育校企合作做出贡献。

　　在这套校企合作精品教材的编写过程中，校企双方编写人员力求体现校企合作精神，努力将教材高质量地呈现给广大师生。但由于本次教材编写是一次创新性的工作，书中难免存在不足之处，敬请读者提出宝贵意见和建议。

河南省职业技术教育教学研究室

2014 年 5 月

第 3 版前言

市场营销是企业在变化的市场环境中，为满足消费者需求和实现企业目标，综合运用各种营销策略和手段进行的一系列管理活动。研究消费者和销售人员心理和行为是现代企业开展营销活动的基础。销售心理学作为普通心理学在市场消费领域的延伸与发展，在现代市场营销理论体系中占有重要的地位。随着我国市场经济的快速发展，消费者的消费心理与行为已日益成为影响市场运行的支配力量和决定性因素。作为市场营销专业的核心基础课程，销售心理学重点研究人们消费心理活动的产生、发展与变化规律，以及销售人员的职业心理素质对营销沟通的影响。

《销售心理学》（第 1 版）自 2014 年 8 月出版以来，得到了中职学校广大师生的好评。《销售心理学》（第 3 版）保持了第 1 版、第 2 版的编写思路和风格，充分尊重职业学校学生特点。本书在编写过程中，力求突出职业教育特色，注重技能和应用能力的培养。本书充分体现以下特点。

1. 学习目标明确清晰，理论知识简明扼要、浅显易懂。坚持以实用、适用为原则，完善部分专业名词的含义，力求专业概念的精准度。既能作为学生对口升学考试辅导教材满足学生继续深造的需要，也能满足学生为就业掌握基本的营销技能的需要。

2. 突出校企合作、工学结合的职业教育特点，教材体例更新为项目-任务式教材编写模式，服务于"学生为主体，教师为主导"的项目式教学模式。

3. 书中插入大量与教学内容密切相关的图表、心理学小常识和心理测试量表，力求图文并茂，突出本书的可读性、趣味性。

4. 课后练习和实训着重理论知识的巩固与应用，突出实用性、实践性。

本书建议学时为 64 学时（4 学分），其中，授课 46 学时，技能实训 14 学时，机动 4 学时，具体分配建议如下表所示。

项　目	课程内容	授课学时	技能实训学时
项目一	认知销售心理学	4	1
项目二	消费者心理活动过程	6	1
项目三	消费者个性心理特征	4	1
项目四	消费者需要与购买行为	6	2
项目五	消费群体与消费者心理	6	2
项目六	商品因素与消费者心理	6	2
项目七	商业广告与消费者心理	6	2
项目八	销售环境与消费者心理	4	1
项目九	销售沟通与消费者心理	4	2
机　动		4	
合　计		50	14

在本书编写过程中，得到了北京华联河南分公司的大力支持。根据企业用人需求，以培养营销人员专业素质为目标，企业相关专业人士在本书目录的编写环节给予了专业的指导和内容筛选，并提供了企业营销活动中的实际案例，使本书内容更贴近实际。

本书由河南省职业技术教育教学研究室组织编写。郑州市经济贸易学校尚华、陈卓、李丝芮，巩义市第一中等职业学校闫晓景参与了本书的编写、修订工作。全书由尚华担任主编，负责整体统稿。

在本书编写过程中，编者参考了国内外大量的消费心理学教材和著作，借鉴了国内外营销专家的研究成果和案例，在此，表示诚挚的感谢！由于记述和追溯不便，所以有些未载明具体出处，在此表示感谢。

由于编者水平有限，所以书中难免有错误之处，敬请各位专家、读者批评指正。

为了方便教师教学，本书还配有教学指南、电子教案及习题答案（电子版）。请有此需要的教师登录华信教育资源网免费注册后再进行下载。如有问题，请在网站留言板留言或与电子工业出版社联系（E-mail：hxedu@ phei. com. cn）。

编　者
2022 年 1 月

第 2 版前言

市场营销是企业在变化的市场环境中，为满足消费者需求和实现企业目标，综合运用各种营销策略和手段进行的一系列管理活动。研究消费者和销售人员心理和行为是现代企业开展营销活动的基础。销售心理学作为普通心理学在市场消费领域的延伸与发展，在现代市场营销理论体系中占有重要的地位。随着我国市场经济的快速发展，消费者的消费心理与行为已日益成为影响市场运行的支配力量和决定性因素。作为市场营销专业的核心基础课程，销售心理学重点研究人们消费心理活动的产生、发展与变化规律，以及销售人员的职业心理素质对营销沟通的影响。

《销售心理学》（第 1 版）自 2014 年 8 月出版以来，得到了省内中职学校广大师生的好评。《销售心理学》（第 2 版）保持了第 1 版的编写思路和风格，充分尊重职业学校学生特点。本书在编写过程中，力求突出职业教育特色，注重技能和应用能力的培养。本书充分体现以下特点。

1. 学习目标明确清晰，理论知识简明扼要、浅显易懂。在知识结构和内容上突出完整性、实用性和适用性。

2. 突出校企合作、工学结合的职业教育特点，引入实际案例，贴近教学内容和实际经济生活，突出时效性、本土化。

3. 书中插入大量与教学内容密切相关的图表、心理学小常识和心理测试量表，力求图文并茂，突出本书的可读性、趣味性。

4. 更新课后练习和实训内容，更好地满足学生复习、巩固教材核心知识和技能的需要。

本书建议学时为 64 学时（4 学分），其中，授课 46 学时，技能实训 14 学时，机动 4 学时，具体分配建议如下表所示。

章　次	课程内容	授课学时	技能实训学时
第 1 章	绪论	4	1
第 2 章	消费者心理活动过程	6	1
第 3 章	消费者个性心理特征	4	1
第 4 章	消费者需求和购买行为分析	6	2
第 5 章	消费群体与消费者心理	6	2
第 6 章	商品因素与消费者心理	6	2
第 7 章	商业广告与消费者心理	6	2
第 8 章	销售环境与消费者心理	4	1
第 9 章	销售沟通与消费者心理	4	2
机　动		4	
合　计		50	14

在本书编写过程中，得到了北京华联河南分公司、河南仰韶酒业营销有限公司的大力支持。根据企业用人需求，以培养营销人员专业素质为目标，企业相关专业人士在本书目录的编写环节给予了专业的指导和内容筛选，并提供了企业营销活动中的实际案例，使本书内容更贴近实际经济生活。

本书由河南省职业技术教育教学研究室组织编写。在本书编写过程中，编者参考了国内外大量的消费心理学教材和著作，借鉴了国内外营销专家的研究成果和案例，在此，表示诚挚的感谢！由于记述和追溯不便，所以有些未载明具体出处，在此表示感谢。

由于编者水平有限，所以书中难免有错误之处，敬请各位专家、读者批评指正。

为了方便教师教学，本书还配有教学指南、电子教案及习题答案（电子版）。请有此需要的教师登录华信教育资源网免费注册后再进行下载。如有问题，请在网站留言板留言或与电子工业出版社联系（E-mail：hxedu@phei.com.cn）。

编　者
2019 年 6 月

第 1 版前言

市场营销是企业在变化的市场环境中，为满足消费者需求和实现企业目标，综合运用各种营销策略和手段进行的一系列管理活动。研究消费者和销售人员心理和行为是现代企业开展营销活动的基础。销售心理学作为普通心理学在市场消费领域的延伸与发展，在现代市场营销理论体系中占有重要的地位。随着我国市场经济的快速发展，消费者的消费心理与行为已日益成为影响市场运行的支配力量和决定性因素。销售心理学作为市场营销专业的核心基础课程，重点研究人们消费心理活动的产生、发展与变化规律，以及销售人员的职业心理素质对营销沟通的影响。

本书在编写过程中，力求突出职业教育特色，注重技能和应用能力的培养，充分体现以下特点。

1. 学习目标明确清晰，理论知识简明扼要、浅显易懂。坚持以实用、适用为原则，力求做到逻辑清晰，表述简洁。

2. 突出校企合作、工学结合的职业教育特点，引入实际案例，贴近教材内容和实际经济生活，突出时效性、本土化。

3. 书中插入了大量与教学内容密切相关的图表、心理学小常识和心理测试表，力求图文并茂，突出教材的可读性、趣味性。

4. 课后练习和实训着重理论知识的巩固与应用，突出实用性、实践性。

本书建议学时 64 学时（4 学分），其中授课 46 学时，技能实训 14 学时，机动 4 学时，具体分配建议如下表所示：

章　　次	课 程 内 容	授课学时	实训学时
第 1 章	绪论	4	1
第 2 章	消费者心理活动过程	6	1
第 3 章	消费者个性心理特征	4	1
第 4 章	消费者需求和购买行为分析	6	2
第 5 章	消费群体与消费者心理	6	2
第 6 章	商品因素与消费者心理	6	2
第 7 章	商业广告与消费者心理	6	2
第 8 章	营销环境与消费者心理	4	1
第 9 章	营销沟通与消费者心理	4	2
机　　动		4	
合　　计		50	14

在本书编写过程中，得到了北京华联河南分公司、河南仰韶酒业营销有限公司的大力支持。根据企业用人需求，以培养营销人员专业素质为目标，企业相关专业人士在教材目录的编写环节给予了专业指导和内容筛选，并提供了企业营销活动中的实际案例，使教材

内容更贴近实际。

本书由河南省职业技术教育教学研究室组织编写。在本书编写过程中，编者参考了国内外大量的消费心理学教材和著作，借鉴了国内外营销专家的研究成果和案例，在此表示诚挚的感谢！由于记述和追溯的不便，有些未载明具体出处，请相关作者与我们联系，在此表示感谢。

为了方便教师教学，本书还配有教学指南、电子教案及习题答案（电子版）。请有此需要的教师登录华信教育资源网免费注册后再进行下载，有问题时请在网站留言板留言或与电子工业出版社联系（E-mail：hxedu@phei.com.cn）。

由于编者水平有限，书中难免有错误之处，敬请各位专家、读者批评指正。

编　者
2014 年 5 月

目　　录

项目一 认知销售心理学

知识要点

◎ 心理学的内涵

◎ 销售心理学的研究对象

◎ 销售心理学研究的原则与相关方法

能力要点

◎ 了解销售心理学的研究对象和发展

◎ 理解销售心理学的研究任务

◎ 掌握销售心理学的研究原则和相关方法

引例1——中国餐饮业的"海底捞现象"

海底捞火锅（以下简称"海底捞"）成立于1994年，是一家以经营川味火锅为主、融汇各地火锅特色为一体的大型跨省直营餐饮品牌火锅店，全称是四川海底捞餐饮股份有限公司，其创始人为张勇。经过20多年的艰苦创业，海底捞逐步从一个不知名的小火锅店，发展至已拥有近2万名员工、117家直营店、4个大型现代化物流配送基地和1个底料生产基地的大型火锅店。

"服务至上，顾客至上"是海底捞自始至终秉承的经营理念，因为顾客很多，经常要排队，所以餐厅就为等待的顾客提供免费美甲、美鞋、护手服务，并免费提供饮料、零食和水果。甚至在卫生间里都会有专人服务，包括开水龙头、挤洗手液、递擦手纸等。海底捞以创新为核心，改变传统的标准化、单一化的服务，提倡个性化的服务，将用心服务作为基本经营理念，致力于为顾客提供"贴心、温心、舒心"的服务，赢得了顾客良好的口碑，企业业务也得到了快速发展，成为我国服务业经营典范。

同时，海底捞认为员工才是企业的核心竞争力，员工的重要性远超利润的重要性，甚至超过顾客。企业给员工的福利极其丰厚。例如，为员工准备离工作地点近的宿舍，由专人负责保洁，配备计算机，每月给员工的父母寄400~500元，让员工的家人也支持其工作等。这些激励使员工有归属感，因此能全身心地投入到工作中。"满意的员工才能带来满意的顾客。"

2018年5月17日，海底捞国际控股在港交所递交上市申请。同年9月11日，海底捞在中国香港地区召开新闻发布会，宣布其股份将于9月12日起在香港公开发售，并计划于9月26日在香港联交所主板挂牌交易。9月19日，海底捞确定了最终发行价，每股17.8港元。

从1994年在四川简阳创立时仅有四张桌子的乡野小店，到如今成长为营业收入过百亿元的庞然大物，海底捞的成功绝不是偶然。"人人都是管理者""把员工当家人看""有双手就可以改变命运""把顾客当亲人待""传递给顾客一份感动""用服务倍增利润"等。人性化的服务与管理是海底捞制胜的法宝。海底捞以"好到过分的变态服务"成为业界的典范和诸多行业探究和学习的对象。

消费是人类社会和任何时代普遍存在的一种现象。在原始社会和自然经济条件下，人们对消费品的需要主要是通过自己生产来满足的。然而在市场经济条件下，消费品的需要主要通过市场购买和商品交换来满足。企业销售商品的过程，同时也是消费者购买商品的过程。消费者购买商品，总要受到一定规律的支配，其中就包括消费者的心理活动规律。而生产者和经营者也必然把消费者的心理活动规律作为开展营销活动的重要依据，以提高企业的经济效益和社会效益。在社会消费行为、生产行为、经营行为的驱使下，销售心理学应运而生。

任务一 认知销售心理学研究对象

↳ 1.1.1 心理学的内涵

1. 心理学的含义

心理学的英文名称是"Psychology"，是由希腊文中的"Psyche"和"Logos"演变而来的，前者是"灵魂"的意思，后者是"讲述"的意思。心理学原来的意思是指"阐释灵魂的学问"。就其科学定义来说，心理学是研究人心理现象的发生、发展及其变化规律的科学。

人的心理作为客观世界的反映，不但可以感知、记忆各种事物，而且还能运用一定的言语来表达愿望，抽象地思考问题，通过学习积累知识经验，从而形成丰富多彩的包括信念、观点等在内的主观世界，即个体意识。人有了个体意识后，就会对外界事物产生更多的理解、情感和态度，并主动调节、控制自己的心理和行为，从而使自己成为现实中具有个性特征的主体。人们在社会实践活动中形成的错综复杂的心理活动过程和个性心理，是心理学所要研究的心理现象的两方面内容。心理现象结构如图 1-1 所示。

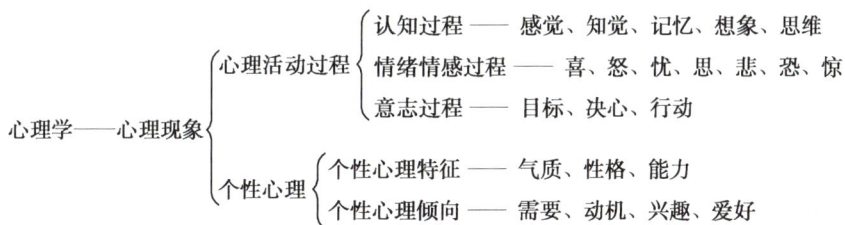

图 1-1 心理现象结构

2. 心理学研究的主要内容

心理学是研究人的心理活动发生、发展及其规律的科学。其研究的内容概括起来分为心理活动过程和个性心理两个方面。

（1）心理活动过程。

第一，认知过程。这是指人在认识客观事物的过程中为了了解客观事物的性质和规律而产生的心理活动过程，包括感觉、知觉、记忆、想象和思维等过程，是最基本的心理过程。

第二，情绪情感过程。这是指人在认识客观事物的过程中所引起的对客观事物的某种态度和体验，如喜、怒、忧、思、悲、恐、惊等。

第三，意志过程。这是指在认识和情感的推动下，人自觉地支配行动、克服困难以达到目标的心理过程。

认知过程、情绪情感过程和意志过程是人们在实践活动中对客观现实反映的不同方

面。它们之间互相联系、密不可分，共同存在于同一心理活动过程中。

（2）个性心理。

个性心理是指每个个体所独有的稳定的心理现象，包括个性心理特征和个性心理倾向两个方面。

第一，个性心理特征。这是指个体身上经常表现出来的稳定的心理特征，主要包括气质、性格和能力，其中以性格为核心。

第二，个性心理倾向。这是决定个体对事物的态度和行为的内部动力系统，是具有一定的动力性和稳定性的心理成分，是个性心理的重要组成部分，包括需要、动机、兴趣、爱好等。

案例 1　皮格马利翁效应

皮格马利翁是希腊神话中的塞浦路斯国王。善于雕刻的他用象牙雕刻了一座理想中的美女像。久而久之，他对自己的作品产生了爱慕之情。他祈求爱神阿佛罗狄忒赋予雕像生命。阿佛罗狄忒为他的真诚感动，就使这座美女雕像活了过来。皮格马利翁遂称她为伽拉忒亚，并娶她为妻。后人就把由期望而产生实际效果的现象叫作"皮格马利翁效应"。

美国著名心理学家罗森塔尔进行了一项有趣的研究。他找到了一个学校，从校方手中得到了全体学生的名单。经过随机抽样后，他向学校提供了一份学生名单，并告诉校方，他通过一项测试发现，名单中的这些学生有很高的天赋，只不过尚未在学习中表现出来。有趣的是，在学年末的测试中，这些学生的学习成绩的确比其他学生高出很多。研究者认为，这就是教师期望所产生的影响。教师认为这些学生是天才，因而寄予他们更大的期望，通过各种方式向他们传达"你很优秀"的信息，学生们感受到教师的关注，从而产生一种激励作用，学习时加倍努力，最终取得了好成绩。借用希腊神话中出现的主人公的名字，罗森塔尔把它命名为"皮格马利翁效应"，也称"罗森塔尔效应"或"期待效应"。

【启示】赞美、信任和期待具有一种能量，它能改变人的行为，当一个人获得另一个人的信任和赞美时，他便感觉获得了社会支持，从而增强了自我价值，变得自信、自尊，并获得一种积极向上的动力，以尽力达到对方的期待。

↳ 1.1.2　销售心理学的研究对象

销售是一项极富创造性的活动，它是综合了市场学、心理学、口才学、表演学等多门学科的一种艺术工作。使用双手的是劳工；使用双手与头脑的是舵手；使用双手、头脑与心灵的是艺术家；而只有使用双手、头脑、心灵再加上双腿的才是合格的销售员。

销售心理学是研究销售者的心理状况和素质，消费者的心理和行为，以及销售手段和媒介（商品、价格、商标、广告、经营环境等）心理效应的综合性应用管理学科。在销售心理学研究的对象中，消费者的心理和行为是研究的重点。我们既要研究消费者对商品

的心理活动过程，也要研究消费者作为一个个体的个性心理特征；既要研究消费者当前的心理现象，也要研究其在客观条件制约下的心理发展趋势。

美国心理学家做了一项实验：他们在第一组女性的钱包里放了20张100美元，给第二组女性则放了100张20美元，给第三组女性则放了200张10美元。三个小时后，第二组的消费额度比第一组少30%，第三组比第二组少38%。小额钞票真的能有效控制女性的购物欲吗？你怎么看？

1.1.3 销售心理学的产生与发展

销售心理学作为一门在多学科交叉融合基础上形成的边缘性学科，自19世纪末至20世纪初产生于商品经济发达的美国。它的发展经历了以下三个阶段。

1. 形成阶段

自19世纪末至20世纪初，随着机器化大生产体系的确立和生产社会化程度的提高，市场由卖方市场转向买方市场，生产方开始关注如何开拓新的市场。

1903年，美国心理学家斯科特出版了《广告心理学》，这被认为是广告心理学诞生的标志，广告心理学即销售心理学的前身。1908年，美国社会学家E. A. 罗斯出版了《社会心理学》，开辟了群体消费心理研究的新领域。1912年，德国心理学家闵斯特伯格出版了《心理学与经济生活》，论述广告与橱窗对消费者心理的影响。20世纪的前30年，销售心理学处于萌芽和形成阶段。

2. 发展阶段

从20世纪30年代到60年代末，消费者行为研究广泛应用于市场销售活动并得到快速发展。从1929—1939年，整个资本主义世界出现了严重的经济危机，大量市场商品供过于求，企业要在困境中生存与发展，必须解决商品的销售问题。第二次世界大战结束后，美国的军事工业企业开始转向生产民用消费品，进一步加剧了市场上商品供过于求所引起的矛盾。严重的生产过剩、消费萎缩和消费需要的复杂多变，迫使许多心理学家和经济学家不得不为刺激消费、扩大需求而寻求新的出路。因此，研究消费者需求成为心理学家和经济学家的主攻方向，以消费者为中心的新市场营销观念开始占据主导地位。20世纪60年代，美国心理学会成立了消费心理学科分会。

3. 繁荣阶段

第二次世界大战结束后，销售心理学随着科学技术的进步和资本主义市场经济的发展开始走向繁荣阶段。自20世纪70年代以来，有关消费者心理和行为的研究论文、报告、专著数量剧增，质量日臻完善。许多新兴学科如计算机、经济数学、行为科学也被应用于消费者行为的分析与研究，并广泛应用于工商企业的生产经营活动中。20世纪90年代，销售心理学走向全面的发展和成熟。目前，销售心理学已成为西方国家市场营销管理人员和大专院校经济类专业学生的必修课。

案例2 "百年魔水"成长记

1886年5月8日，在美国亚特兰大的一间实验室里，药剂师约翰·S.彭伯顿试制出一种糖浆，他和助手给这种糖浆起名叫可口可乐（Coca Cola）。1888年，一位名叫阿萨·G.坎德勒的年轻人看到了可口可乐作为饮料的市场前景，遂购买了可口可乐公司的股份，并掌握了全部生产销售权。他于1892年成立了可口可乐公司，坎德勒被称为可口可乐之父。

1923年，罗伯特·伍德鲁夫接任公司总裁，他的目标是使可口可乐公司走向全球。他加强了质量管理，改进和加强了可口可乐公司在全球的广告宣传和促销活动。在伍德鲁夫的苦心经营下，可口可乐在全球得到推广，最终成为世界最有价值的品牌之一。

第二次世界大战期间，可口可乐公司总裁罗伯特·伍德鲁夫下令以5美分一瓶的价格向服役军人兜售可口可乐，再也找不到比这更便宜的广告宣传了！第二次世界大战给世界带来了巨大灾难，却给了可口可乐公司发展机会。他们大发战争财，还被誉为爱国行为。这样的一种广告宣传形式，给可口可乐公司的销售带来了相当大的收益，这样的影响是深远的：在战争的环境中，在美国大兵这样一个特殊的群体里面建立起来的顾客忠诚度，影响了整整一代美国人。珍珠港事件把美国推入了第二次世界大战，第二次世界大战却把可口可乐引向了全世界。战争蔓延到哪里，美国大兵就走到哪里，可口可乐公司的广告就随着美国大兵影响到哪里。战争，似乎成了可口可乐走向世界的助推剂。

1979年1月24日，3万箱可口可乐出现在广州、上海和北京的大商场和宾馆里。截至2003年，可口可乐公司已经投入10多亿美元，在中国建立了23个装瓶公司、28个生产厂，基本覆盖了中国所有的省份。

可口可乐公司能够在中国市场上大显神威，它的中文译名功不可没。为了能使产品为中国人所接受，可口可乐公司在产品的中文译名上着实花了一番苦功。当年，可口可乐公司在进入中国市场之前，公司特请在伦敦任教的蒋先生设计中文译名。精通语言文字、谙熟消费者心理的蒋先生不负重托，苦思良久后灵感顿来，写下了"可口可乐"四个字。该译名采取了双声叠韵方式，音意双佳，朗朗上口，同时又显示了饮料的功效和消费者的心理需要，该商标投放市场后，果然受到中国消费者的追捧。可口可乐中文译名也成为广告史上的经典之作。无独有偶，可口可乐公司生产的Sprite在译为中文时，也独具匠心。Sprite在英文里是"魔鬼"和"小妖精"的意思，为了能使产品为中国人接受，可口可乐公司将其译为"雪碧"，体现了饮料清凉、纯洁的特点。在炎热的夏季里，想到纷飞的白雪和一潭清凉的碧水，有谁能不为之动心呢？

可口可乐公司还善于通过积极参与各项公益活动提高其品牌知名度和美誉度。自1993年起，可口可乐公司已经在中国陆续建成52所希望小学、100座希望书库，6万名学生得到了可口可乐公司的救助。2001年，在全国保护母亲河行动中，可口可乐公司捐助的专门用于林地浇灌的第一口井在河北怀来县天漠沙丘出水。

【启示】

好的品牌与消费者之间可以建立起深厚的情感。品牌必须考虑消费者使用和接受品牌的日常经验、感受、想法、态度和心理需要。可口可乐公司的品牌已走过百年历史，成为世界上最有价值的品牌之一，至今仍能"誉满全球"。可口可乐品牌的拥有者一直认为："我们成功的原因在于我们创造出了友善的氛围，消费者实际上是想与可口可乐融为一体的。"

任务二 了解销售心理学研究的原则与相关方法

1.2.1 销售心理学研究的任务

销售心理学以消费者购买、消费过程中普遍存在的各种心理活动和个性心理作为研究对象。而企业的市场营销活动与消费者心理活动密切联系、相互影响，这就决定了销售心理学必须把企业营销过程中与消费者心理现象相关的所有内容作为其研究任务，并为企业的生产和销售活动提供科学的依据。销售心理学研究任务具体有以下几个方面。

1. 揭示消费者购买行为的心理过程及其内在规律

消费者为了满足自己或家庭生活的需要，必须用货币从市场上购买相应的商品或劳务，形成购买行为。而消费者在购买商品的过程中，必然伴随着复杂的心理过程，这种心理过程也必然影响和制约消费者购买行为的发生和进行。销售心理学通过对消费者心理活动过程的研究，揭示消费者对商品的认知过程、情感过程和意志过程的产生、发展的一般规律，以便企业根据消费者的心理需要组织商品的销售活动，从而提高企业经济效益。

2. 揭示消费者个性心理特征的形成和发展规律

消费者在商品购买行为过程中的认知过程、情感过程和意志过程，是每个消费者共同具备的心理过程，是消费者购买心理产生、发展和变化的一般规律。而反映消费者个性心理的消费需要、动机、气质、性格和能力则各不相同，这些个性特征使消费者的购买行为呈现出较大的差异性。特别是消费者的气质和性格，对于购买动机、购买决策和购买行为有着直接的重要影响。例如，有的消费者对商品的认知全面细致，有的则片面笼统；面对同样的商品促销现场，有的消费者冲动抢购，有的犹豫不决，有的则理智沉稳。销售心理学主要研究不同类型的消费者个性心理特征的形成和发展的内在因素，揭示其发展变化规律，从而可以使企业在营销活动中采取更有针对性的策略和方法，满足消费者需要。

3. 揭示消费者购买行为规律

心理学研究成果表明，人们的行为背后都有多种多样的原因，即动机，而动机又产生于人们内在的需要。当人们产生了某种需要而未能得到满足时，就会产生紧张感，如果遇到能够满足需要的目标时，这种紧张感就会转化为动机，并在动机的驱使下进行满足需要的活动。当达到了目标，需要得到了满足时，人们紧张不安的心理状态就会消除，

这时又会产生新的需要和新的动机，从而引起新的行为。这样周而复始，直到人的生命终止。任何一次循环同时也是人心理过程和行为过程的体现。人的基本心理过程和行为过程，如图1-2所示。

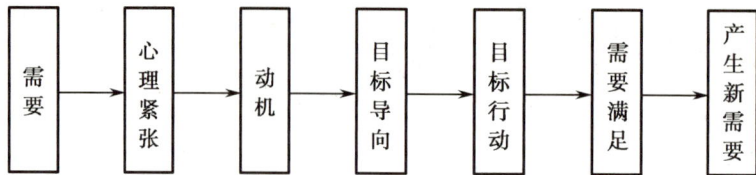

图 1-2　人的基本心理过程和行为过程

4. 揭示消费者与市场营销策略之间的变化规律

消费者心理与市场营销策略之间存在着互相联系、互相影响、互相制约的变化规律。企业销售采取何种策略，对消费者心理活动的产生和发展具有很大的影响。销售心理学通过对消费者心理进行研究，从而把握消费者千差万别的心理要求，以便企业提供相应的商品和服务。具体来讲，就是企业通过研究商品品牌、包装、价格，商品广告，经营环境等因素，制定相关的营销策略，开展销售活动，从而满足消费者需要。

5. 揭示销售人员的心理变化规律

商品销售过程实质上就是企业销售人员与消费者心理和行为的互动过程。企业要想扩大商品销量，提高市场占有率，就必须根据消费者的心理活动规律开展商品销售活动。同时，销售人员的心理素质及心理活动对消费者购买行为的实现也至关重要。因此，销售心理学必须研究销售人员的心理活动和心理现象，以便对销售人员进行有效的素质训练，培养其与消费者购买需要相适应的心理特征和行为方式。

1.2.2　销售心理学研究的原则

1. 理论联系实际的原则

理论联系实际的原则是要求从企业市场营销活动和消费者购买行为中总结和概括销售心理学的基本理论，并用于指导企业和消费者的实际行动，坚持理论在实践中不断检验、丰富和发展。随着我国经济的快速发展和人民消费水平的不断提高，消费者的消费需要呈现出多样化、复杂化的特点，销售心理学应从消费者的心理角度去研究和分析各种原因，并提出解决问题的措施和途径，从而引导消费者科学合理地进行消费。

2. 客观性原则

人脑是心理的器官，心理是人脑对客观事物的主观反映。销售心理学就是在商品买卖活动这个特定范围内，研究消费者和销售人员对客观事实和客观需要的主观反映。研究消费者心理，必须坚持客观性原则，即联系企业营销活动的实际情况，依据人们可以观察并加以检验的客观事实，客观全面地分析揭示消费者心理发生、发展和变化的规律，而不是主观地臆测推断。不过，在销售心理学研究过程中，也可以提出某些假设，但必须付诸市

场营销的实践中加以检验。

3. 联系性原则

世界是普遍联系的，自然环境与社会诸因素，以及社会诸因素内部之间都存在着密切的联系，它们相互制约、相互影响。因此，在研究消费者心理时，既要研究社会经济环境、自然环境对消费者心理的影响，又要研究市场营销战略、营销手段、服务方式、营销环境等因素对消费者心理的影响；既要研究不同消费者个性心理特征的相互作用，又要研究企业销售人员的心理活动及相互关系。因此，只有坚持联系性原则，才能真正认识销售心理学研究的全貌，揭示销售心理学的内在本质。

4. 发展性原则

客观事物是一个永恒的发展过程，作为反映客观事物的人们的心理，也是伴随着客观事物的发展而发展的。例如，随着人们消费水平的不断提高，以往人们购买商品侧重经济耐用，现在则注重造型美观、时尚新颖。研究消费者心理要坚持发展性原则，在研究过程中，不仅要关注消费者当下的个性心理特征与心理状态，还要预测其发展趋向；不仅要关注消费者过去和现在已经形成的心理品质和行为习惯，还要看到其发展变化的趋势和前景。在研究销售心理时，要以发展的眼光看待市场营销活动中的消费者心理现象，从而把握其消费行为规律。

1.2.3　销售心理学研究的方法

1. 观察法

所谓观察法，是指调查者在自然条件下有目的、有计划地观察消费者的语言、行为、表情等，分析其内在的原因，进而发现消费者心理现象规律的研究方法，观察法是科学研究中最一般、最方便使用的研究方法，也是销售心理学中最基本的研究方法。

观察法在销售心理学研究中的应用范围有以下几种。

（1）对消费者实际行动和迹象的观察。例如，观察者通过对消费者购物行为的观察，预测某种商品的销售情况。

（2）对消费者语言、行为的观察。例如，观察消费者与销售人员的谈话情景。

（3）对消费者体态、表情的观察。

（4）对空间关系和地点的观察。例如，利用计数器对来往车流量进行记录。

（5）对时间的观察。例如，观察消费者进店的时间，以及在店内逗留时间的长短。

观察法的优点是消费者不知情，没有心理负担，心理表现较自然，由此获得的资料客观、真实、可靠。其缺点是未对消费者心理活动的产生和发展施加任何有意识的影响和控制，所以较难全面、深入地了解和掌握其心理活动的规律性。观察法有一定的片面性和局限性，还需要注重与其他研究方法配合使用。

案例3　电梯里的人们

人们在乘坐电梯时，往往习惯性地往上看或盯着楼层数字看。乘电梯往上看的行为与我们的私人空间有着很大的关系。所谓私人空间，是指在我们身体周围一定的空间，一旦有人闯入我们的私人空间，我们就会感觉不舒服、不自在。私人空间的大小因人而异，但大体上是前后0.6~1.5米，左右大约1米。据调查数据显示，女性的私人空间比男性的大，具有攻击性格的人的私人空间更大。电梯是一个非常狭小的空间。在电梯中，人与人的私人空间出现了交集，也就是说，人们互相感觉到对方进入了自己的私人空间，所以会感到不舒服，都想尽早离开电梯这个狭窄的空间。向上看正是想尽快逃离这个狭小空间的心理表现。此外，盯着显示楼层的数字看，不只是为了确认是否到了自己要去的楼层。当我们急于离开这个狭小空间时，不停变换的数字能让我们感到电梯在移动，让我们感觉到自己是在向前进的，从而缓解焦急的心理。

【启示】科学的研究方法是了解消费者需要的保证。一种产品能否被消费者接受，不但取决于产品的质量和厂家提供的服务，而且还取决于其是否迎合消费者的心理需要。

> 星巴克卖的不是咖啡，卖的是休闲；法拉利卖的不是跑车，卖的是一种近似疯狂的驾驶快感；劳力士卖的不是表，卖的是奢侈的感觉与自信；希尔顿卖的不是酒店，卖的是舒适与安心；麦肯锡卖的不是数据，卖的是权威与专业。
>
> ——菲利普·科特勒

2. 调查法

调查法是指调查者通过一定的形式向被调查者提出问题让其回答，以取得某种资料的研究方法。依据调查者与受访者接触的方式不同，调查法可分为访谈调查法和问卷调查法，访谈调查法主要分为面对面访谈、电话访谈两种。

（1）面对面访谈。面对面访谈的优点是，可以通过观察受访者的表情、动作获得更多有价值的信息；可以与受访者就某一个问题进行深入探讨，从而发现或提出更多的问题；当受访者对某一问题感到模棱两可时，可当场做出解释；通过直接向受访者展示企业的产品，起到广告宣传的作用；可以作为感情投资，使消费者与企业建立感情联系。其缺点是，调查者的偏见会影响资料的准确性；对调查者谈话技巧要求较高；访谈现场会使受访者产生压迫感。

（2）电话访谈。电话访谈是借助电话这一通信工具与受访者进行谈话的方法。一般是在调查者与受访者之间受空间距离的限制，或者受访者难以或不便直接面对调查者时采

用电话进行访谈的方法。电话访谈的优点是经济、迅速、信息及时、渗透性强，可以对不愿面谈的受访者进行调查。其缺点是受到电话设备、通信网络的限制，时间短促，仅能交流简单的问题。

（3）问卷调查法。问卷调查法是调查者运用统一的问卷向被选取的调查对象了解情况或征询意见的一种调查方法。该方法适用于了解消费者购买动机、购买态度和消费者个性特征等信息。该方法的优点是短时间内可以收集到范围广泛的资料。其缺点是不容易对资料进行重复验证。

3. 实验法

实验法是一种在严格控制的条件下有目的地对应试者给予一定的刺激，从而引发应试者的某种反应，对此加以研究以找出有关的心理活动规律的调查方法。实验法实质上是一种有控制的观察，它弥补了观察法的被动性。实验法包括实验室实验法和自然实验法两种，在实际研究过程中，两种方法往往配合使用，相互取长补短。

练习与实训一

一、选择题

1. 最基本的心理过程是指（　　　）。

A. 认知过程　　　　B. 情感过程　　　　C. 意志过程　　　　D. 个性心理

2. 销售心理学的繁荣时期是指（　　　）。

A. 从 19 世纪末到 20 世纪 30 年代　　　　B. 从 20 世纪 30 年代到 60 年代

C. 从 20 世纪 70 年代到现在　　　　D. 从 20 世纪 50 年到现在

3. 销售心理学研究任务中最主要的内容是（　　　）。

A. 销售策略心理　　B. 消费者心理　　C. 销售者心理　　D. 商品价格心理

4. 研究消费行为的最一般、最方便使用的基本方法是（　　　）。

A. 实验法　　　　B. 问卷调查法　　　　C. 访谈法　　　　D. 观察法

5. 调查者在适当地点，如商场出入口处等，拦住受访者进行访问的问卷法是（　　　）。

A. 邮寄问卷法　　　B. 入户问卷法　　　C. 拦截问卷法　　　D. 集体问卷法

二、判断题（正确的打"√"，错误的打"×"）

1. 从某种角度讲，一切销售活动的最终目的都是为消费者服务。　　　　（　　）

2. 个性心理特征主要包括人的气质、性格、能力。其中，以气质为核心。　（　　）

3. 销售心理学是普通心理学在市场销售活动中的应用。　　　　（　　）

4. 问卷调查法可以帮助企业在较短的时间内收集到较广泛的资料。　（　　）

5. 企业的市场营销活动与消费者心理活动密切联系、相互影响。　（　　）

三、简答题

1. 简述销售心理学研究的内容。

2. 简述销售心理学研究的原则。

3. 简述销售心理学研究的主要方法。

四、实训题

1. 面试中的"微表情"出卖你的内心。

把玩饰物——心神不宁；紧抿嘴唇——窘迫；挠头——不知所措；双手反复摩擦——焦虑；左顾右盼——害怕；撇嘴——不屑；手插在裤袋里且肩部顶起——紧张；双手抱臂——自我保护、不安；嘴微张、眼瞪大——错愕；摸鼻子——思考；指尖塔状——自信；稍偏头微笑——自在与友善；微笑——自信。

练习：同学们分享各自在某种场合或与人交往时常用的"微表情"。

2. 我国有句俗语"好事不出门，坏事传千里"。如何用心理学知识解释这种现象。

项目二　消费者心理活动过程

知识要点

◎ 消费者购买商品的认知过程

◎ 消费者购买商品的情感过程

◎ 消费者购买商品的意志过程

能力要点

◎ 能够运用消费者心理活动的分析方法解释常见的消费现象

◎ 能够正确判断消费者的不同消费心理活动

◎ 能够结合实际案例分析消费者心理活动过程

引例2——"萌"文化下的猛营销

"三只松鼠"成立于2012年2月，是当前中国销售规模最大的食品电商企业之一。

目前，休闲食品零售行业产品同质化严重，同行之间的竞争也非常激烈。除通过产品异质性圈定一部分消费者外，率先打出情感牌，让品牌在消费者的心中占据一席之地，是"三只松鼠"重要的营销策略。

"三只松鼠"开创了中国电商客服场景化的服务模式。和淘宝的"亲"文化明显不同，"三只松鼠"的客服化身为鼠小弟，亲切地称消费者为"主人"，通过拟人化的沟通，将消费者与客服的关系演变为"主人"与"宠物"的关系，让消费者觉得更萌、更被尊重，从而增加了品牌的趣味性、独特性和互动性，使消费者更加注重产品的服务价值与体验价值。

"三只松鼠"的"萌"营销策略，赋予小动物"萌宠"的情感和行为，使年轻消费者产生轻松愉悦、新奇幽默的购物体验，迎合了他们的审美追求。在食品零售行业中，"三只松鼠"的产品价格并不算低，却能够连续多年创造销售额纪录。依靠"卖萌"，"三只松鼠"拉近了与消费者的距离，在消费升级的时代，拥有了消费者的忠诚度。

创始人章燎原表示："销售不是目的，体验才是重点。体验让消费者从产品需要，到精神需要，再到产生购物的冲动，是一种娱乐化的零售。"

消费者的心理活动过程，即消费者的心理活动发生、发展的过程，是支配其购买行为的心理活动的全过程。这一过程可具体分为认知过程、情感过程和意志过程三个方面。这三个方面相互依存、相互制约，从而构成完整的消费者心理活动过程。研究消费者在购买行为中发生的心理活动过程，对销售人员了解消费者心理变化，进而采取相应的心理策略有很大的帮助。

任务一　消费者购买商品的认知过程分析

心理学认为，认知过程是人的最基本的心理活动过程。消费者购买商品的心理活动，首先是从对商品的认知开始的。认知既是消费者购买行为的前提，也是其他心理活动的基础。消费者的认知过程是通过消费者对商品的感觉、知觉、记忆、想象、思维和注意等心理活动得以实现的。

➥ 2.1.1　消费者的感觉

1. 感觉的含义

人们要认知周围的客观世界，要分辨商品的颜色、气味、软硬、粗细、温度、重量等具体属性时，就要用眼睛看、用耳朵听、用鼻子闻、用嘴巴尝、用肢体触摸，并通过神经系统将信息从感觉器官传递给大脑，从而产生对商品的个别属性的心理反应。因此，人脑对直接作用于感觉器官的客观事物个别属性的反映就是感觉。消费者对商品的认知过程，就是从对商品的感觉开始的。

人们不但能感觉自身以外的客观事物的个别属性，即外部感觉，而且也能感觉自己身体内部所发生的变化，如饥饿、饱胀、眩晕等，即内部感觉。我们这里所要探讨的主要是消费者对商品的外部感觉。感觉是人们对客观事物的简单认知，它反映的并不是客观事物的全貌，但是，一切高级的较复杂的心理现象都是在感觉基础上产生的。

据研究，在从外部感觉器官产生的视觉、听觉、触觉、味觉、嗅觉中，以视觉、听觉获取的信息量为最多，约为80%，触觉占15%，味觉、嗅觉仅占5%。感觉是各种复杂心理过程的基础，没有感觉就不会有知觉，没有知觉就不能形成一系列复杂的心理过程。感觉越丰富，知觉越完整，记忆越有内容，从而进行的抽象概括越准确。因此，探索商业经营活动中人的心理活动，就必须从感觉研究开始。

2. 感觉的特点

感觉具有感受性、适应性、对比性、关联性等特征。感觉的运用对研究消费者心理具有重要的影响。

（1）感受性和感觉阈限。感受性是指感觉器官对适宜刺激的感觉能力。感受性的强弱是用感觉阈限的大小来衡量的。感觉阈限是指能够引起感觉并持续一定时间的刺激量。一般来讲，感觉阈限越小，感受性就越强，表明人的感觉器官的灵敏度越高。感觉阈限越大，感受性就越弱，表明人的感觉器官的灵敏度就越弱。人的感觉器官的灵敏度通过训练是能够得到提高的。例如，有些经验丰富的品酒师不仅能根据酒的味道的细微区别分辨出酒的品种，还能指出该酒存放的年数。在市场上，因各种商品效用、价格等特性不同，消费者对其的感受性也不同。例如，一辆汽车价格下调几百元甚至上千元，往往不被消费者注意；而日常生活中的柴、米、油、盐提价几角钱，消费者就十分敏感。了解消费者对不

同商品质量、数量、价格等方面的差别感受性，对合理调节消费刺激量、促进商品销售有重要的作用。

（2）适应性。随着刺激持续时间的延长，消费者对刺激物的感受性会逐渐下降，这种现象称为感觉适应。消费者的感受性会受到时间因素的影响。例如，"入芝兰之室，久而不闻其香""入鲍鱼之肆，久而不闻其臭"，就是感受性降低的缘故。要使消费者对消费刺激保持较强的感受性，企业就要经常变换刺激物的表现形式。

（3）对比性。当两个刺激同时出现或连续存在时，一个刺激的存在使另一个刺激增强的现象称为对比现象。例如，如图2-1所示的视觉对比现象，同样两个灰色小方块，一个放在白色背景上，另一个放在黑色背景上，结果在白色背景上的小方块看起来比黑色背景上的小方块要暗得多，且在相互连接的边界附近，对比也特别明显。实际生活中，吃过糖后再吃苦味的食物，会觉得味道更苦，也是同样的道理。

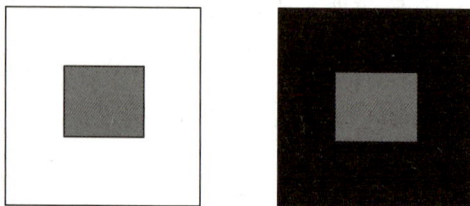

图2-1　视觉对比现象

（4）关联性。人体感觉器官的感受性不是彼此隔绝的，而是互相影响、互相作用的，即一种感觉器官接受刺激并产生感觉后，还会对其他感觉器官的感受性产生影响，这种现象就是感觉的关联性。例如，在进餐时看着赏心悦目的各色菜肴会使人的味觉感受性增强。又如，冬天穿红色衣服使人感到温暖；夏天穿白色衣服使人感到凉爽。

2.1.2　消费者的知觉

1. 知觉的含义

知觉是人脑对直接作用于感觉器官的客观事物整体属性的反映。感觉和知觉是不可分离的，外部信息通过感觉器官传达到大脑，知觉也随之产生。因此，在心理学中，常称之为"感知"。

感觉和知觉同属于认知过程的感性阶段，但它们又是不同的心理过程。知觉比感觉复杂得多，它不是感觉的机械总和，知觉中还包含人们的心理成分，如过去的经验、思维和语言活动等。

2. 知觉的特点

人对于客观事物能够迅速获得清晰的感知，这与知觉所具有的基本特性是分不开的。知觉具有选择性、理解性、整体性和恒常性等特性。

（1）知觉的选择性。知觉的选择性就是指消费者有计划、有选择地感知一定的商品或服务对象。知觉的选择性不但依赖于个人的兴趣、态度、需要，以及个体的知识、经验

和当时的心理状态，而且还依赖于刺激物本身的特点（强度、活动性、对比）和外界环境条件的特点（照明度、距离）。如图2-2所示是两张两歧图形，右边的图形显示了知觉中对象和背景的关系。如果我们把右边图形中的白色部分看作花瓶，那么，图形的黑色部分就是背景；相反，如果我们把图形中的黑色部分看作两个侧面的人像，那么，图形中的白色部分就是背景。因此，背景和图像的判断主要来自人们知觉的选择性。

图2-2　两歧图形

（2）知觉的理解性。知觉的理解性是指消费者根据已有的知识和经验对知觉对象进行解释。例如，消费者见到"真诚到永远"的字样，自然会想到"海尔"品牌热情周到的售后服务。另外，从事不同职业和有不同经验的人，在知觉的理解性上是有差异的，如工程师检查机器时能够比一般人看到、听到更多的细节。

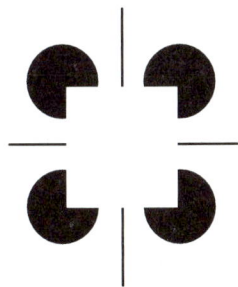

图2-3　知觉的整体性图形

（3）知觉的整体性。人的知觉系统具有把事物个别属性及个别部分综合成整体的能力。因此，人在知觉客观事物时，总是能够把它作为一个整体来反映，这就是知觉的整体性。知觉的整体性是多种感知器官相互作用的结果。知觉的整体性与感知的快慢、过去经验和知识的参与有关，如图2-3所示。

（4）知觉的恒常性。当我们感知的条件在一定范围内发生改变时，知觉的印象仍然保持相对不变，这就是知觉的恒常性。如图2-4所示是一扇从关闭到敞开的门，尽管这扇门在我们的视网膜上的投影形状各不相同，但是，看上去都是长方形。一般来讲，看到的形状和物体的实际形状完全相同。例如，过去认识的人，不会因为他的发型、服装的改变而变得不认识；对一首熟悉的歌曲，不会因它高八度或低八度而感到生疏，或因其中个别地方走调，就认为是别的歌曲。知觉的恒常性对人们的生活有很大的作用，正确地认识物体的性质比单纯地感知局部的刺激物有更大的实际意义，它可以使人们在不同情况下，按照事物的实际面貌认知事物。

图2-4　知觉的恒常性

3. 错觉在营销中的作用

错觉是对客观事物的一种不正确的、歪曲的知觉。错觉既可以发生在视觉方面，也可以发生在其他知觉方面。例如，当你掂量一千克棉花和一千克铁块时，你会感到铁块重，这是形重错觉；当你坐在正在行驶着的火车上看车窗外的树木时，会以为树木在移动，这是运动错觉。生活中最常发生的是视觉错觉。视觉错觉图形如图2-5所示。错觉是一种正常的心理现象，它既受生理方面的影响，也受心理方面的影响，在实际生活中具有积极和消极两方面的作用。起消极作用的错觉常常混淆人的视听，扰乱人的心智，影响人们对事物的正确判断。但是，我们可以充分挖掘错觉的积极作用，使其服务于人们的日常生活和企业的营销活动。

图2-5 视觉错觉图形

在寸土寸金的商场中，如何陈列商品，直接关系到商品的销售效果。利用空间错觉，丰富商品陈列，不仅可以降低经营成本，还可以吸引消费者的注意力，从而创造更多的销售机会。例如，某家房顶悬挂各种灯具的商店，各式各样的灯具连成一片，璀璨夺目，吸引人们逗留观看，其实这个商店并不大，只是由于周围全都镶上了镜子，从房顶延伸下来，使整个商店的面积好像增加了一倍，由于镜面的折射和增加景深的作用，使得屋顶上悬挂的灯具也好像陡然增加了许多，显得商品丰盛繁多，给人以目不暇接之感，这就是空间错觉在商业中的妙用。

人的高矮、胖瘦是无法改变的，但是可以借助视觉错觉中的形体错觉原理，用服饰、发型加以调整。例如，穿深色的衣服使人显得苗条；穿浅色的衣服使人显得丰满。因此，体形肥胖的人不宜穿着具有放大效果的大花图案的衣服；身材矮小的人适合穿着套装和与服装相同颜色的鞋袜，这样可以给人拉长身高的感觉等。

4. 影响消费者感知的因素和条件

在日常生活和市场行为活动中，影响人们感知的因素和条件很多。

（1）刺激量的大小和刺激时间的长短不同，引起的感知效果不一样。一般来讲，较强的或持续时间较长的刺激比弱的或持续时间较短的刺激更能快速地引起人的感知。例如，商家总是尽可能用印有大幅和醒目文字、图片的商品广告以引起广大消费者的注意。

（2）鲜艳明快的色彩比暗淡单调的色彩更容易引起消费者的感知和注意。

（3）位置的摆放也会影响消费者的感知和注意。例如，消费者在逛街购物时，对目光轻易所见的商品更容易感受到，对摆放位置过高或过低的商品就不太注意。因此，商店总是把希望消费者大量或经常购买的商品摆放在最醒目的位置，以引起消费者充分的感知和注意。

（4）动态的刺激比静态的刺激更生动、活泼，更富于变化。越来越多的商店运用色彩斑斓、闪烁变换的霓虹灯来代替呆板静态的霓虹灯；或者通过模特儿的现场表演来展示商品，这种动态的刺激通常能收到较好的感知效果。

2.1.3 消费者的记忆

1. 记忆的含义

记忆是对过去经历过的事物在大脑中的反映。从整体上讲，记忆是一个识记、保持、回忆和再认的过程。识记和保持是记的过程，回忆和再认是忆的过程。消费者在购物活动中通过看、听和接触商品去识记，然后把识记的商品的相关信息作为经验在大脑里储存，这就是保持；消费者在选购商品时，往往在大脑中把曾经使用过或在别处感知过的同类商品重现出来，这就是回忆；当消费者在商店里看到过去曾用过或广告中曾见过的商品，将它们认出来，并确认接触过或见过，这就是再认。

2. 记忆的分类

（1）根据记忆的内容，可分为形象记忆、逻辑记忆、情感记忆和运动记忆。形象记忆是以感知过的事物的形象为记忆内容的记忆，如消费者对商品形状、大小、颜色的记忆。很多喜欢去肯德基就餐的孩子不一定认识"KFC"，却一定认识"肯德基叔叔"，这就是想象记忆的影响。逻辑记忆是以概念、判断、推理为内容的记忆，如关于商品的质量、制作原理、使用方法等方面的记忆。情感记忆是以体验过的某种情绪或情感为内容的记忆，如消费者对以往购物时受到的热情接待或发生争吵的记忆。运动记忆是以做过的某种运动或动作为内容的记忆，如许多游戏软件公司针对热衷电子游戏的年轻人推出大量的免费版游戏、试玩版游戏，使参与游戏的年轻人在游戏过程中对该企业的产品产生深刻的运动记忆。

（2）根据记忆保持时间的不同，可分为瞬时记忆、短时记忆和长时记忆。瞬时记忆又叫感觉记忆，是记忆系统的开始阶段，一般记忆时间在2秒以内。短时记忆是瞬时记忆到长时记忆的过渡环节，一般在5秒到1分钟以内。长时记忆在1分钟以上，直至数日、数年。长时记忆是对短时记忆反复加工的结果。

3. 记忆在销售活动中的作用

记忆在消费者的心理活动中起着极其重要的作用，在消费者购买活动中具有深化和加速认知的作用，在一定程度上决定着消费者的购买行为。

（1）充分利用记忆，影响消费者的购买决策。消费者通过反复接触商品和宣传广告，自觉利用记忆材料，对商品进行评价，全面、准确地认识商品，并做出正确的购买决策。

例如，消费者想购买一辆轿车，由于对汽车品牌知之甚少，所以在购买前他会在网络上搜索相关汽车品牌的信息，或者向身边的亲朋好友和同事咨询，从中了解有关家用轿车的品牌、型号、功能、质量、价格及性能等方面的知识，并根据大脑中记忆最清晰、最深刻的内容做出相应的购买决策。

（2）利用商品信息的适度重复，加强消费者对商品信息的记忆。德国心理学家艾宾浩斯的遗忘定律揭示，遗忘在学习之后立即开始，而且遗忘的速度在最初阶段最快，随后逐渐减缓，艾宾浩斯遗忘曲线如图2-6所示，艾宾浩斯遗忘规律表如表2-1所示。也就是说，人的遗忘发展是不均衡的，其规律是先快后慢。一款新商品上市，商家为了提高消费者对商品广告的记忆效果，就应当在短期内重复播放相同内容的广告信息，才能收到广告天天见、记忆日日深的效果。另外，商品广告播放的频率过高，容易引起消费者的抗拒心理和烦躁情绪，反而影响记忆效果。因此，在对商品信息进行重复传播时，应注意在时间和空间上保持一定的距离，尽可能采用多种宣传媒体和表现形式，以便使消费者乐于接受，从而加深消费者的记忆。

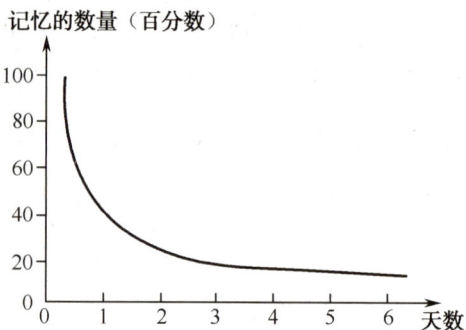

图2-6　艾宾浩斯遗忘曲线

（3）强化记忆可以促使消费者"认店购买"和"认牌购买"。强化记忆能够使消费者在强化因素的作用下，对商店的店名、招牌、店面风格和购买商品的品名、商标、包装等建立起联系，有利于消费者保持商品记忆，促成消费者的"认店购买"或"认牌购买"。例如，在北京购买点心首选"稻香村"，到古都开封一定要品尝"第一楼"的灌汤小笼包。另外，强化记忆的内容是多方面的，主要还有商品质量、价格、销售服务等。

表2-1　艾宾浩斯遗忘规律表

时　　间	记　忆　量
刚刚记忆完毕	100%
20分钟后	58.2%
1小时后	44.2%
8~9小时后	35.8%
1天后	33.7%
2天后	27.8%
6天后	25.4%
1个月后	21.1%

4. 关于遗忘

（1）衰退说。衰退说认为遗忘是由于记忆痕迹得不到强化而逐渐减弱、衰退，以致消失的结果。

（2）干扰说。干扰说认为遗忘是因为在学习和回忆之间受到其他刺激干扰的结果。

科学家认为记忆痕迹本身不会变化，但记忆之所以不能恢复活动，是由于受到干扰。干扰一旦被排除，记忆就会恢复。

➷ 2.1.4 消费者的想象

1. 想象的含义

人们在生活实践中，不但能够感知和记忆大量的客观事物，而且还能够在已有的知识和经验的基础上，在大脑中构成自己从未见过或经历过的新形象，这就是想象。形象性和新颖性是想象活动的基本特征。消费者的想象往往会影响其消费态度和消费决策。例如，准备结婚的青年男女在家居市场选购家具时，往往会将现场的家具和自己家里的装修装饰风格相联系，感受其是否美观舒适、新颖时尚，是否与室内设计相协调，并由此决定是否购买。

2. 想象的分类

（1）根据想象有无目的性，可以分为无意想象和有意想象两种。无意想象没有预定目的，属于不由自主的想象；有意想象有预定目的，属于自觉进行的想象。

（2）根据想象新颖性、独特性和创造性的不同，有意想象又可分为再造想象和创造想象两种。再造想象是根据词语的描述或非语言（图样、图解、符号等）的描述，在大脑里产生新形象的过程；创造想象是不依据现成描述而独立地创造出新形象的过程。企业不断进行的新技术、新产品的研发就是创造想象的结果。

3. 想象在销售活动中的作用

（1）想象能够提高消费者购买活动的自觉性和目的性。消费者在选择和评价商品时，常常伴随有想象。例如，女性在选购服装时，常常将服装穿在自己身上，对着镜子边欣赏边想象；男性在购买名牌汽车时，常常想象自己开着这样的车时他人对自己的赞誉和羡慕，这都会极大地激发他们购买的欲望。

（2）利用独具特色的商品广告、商品包装、商品陈列，吸引消费者注意力，促使其产生有意想象。

（3）对于企业来讲，销售人员应具备一定的想象力，设计出满足消费者需要的商品，并利用相应的商品包装、商品广告和商品陈列，扩大消费者的想象空间，促进商品的销售。

案例 1　亲情营销，互动酝酿年味儿

自 2016 年春节，支付宝用 2 亿元人民币的现金，强势地掀起了全民寻找"敬业福"的热潮之后，2017 年，支付宝又再次打造热门社会话题，支付宝在手机支付市场众多品牌中独占 2017 春节热议话题鳌头。

【启示】想象力是企业销售人员必须具备的一种职业能力。新颖、有创意的促销活动，可以在很大程度上引起消费者关注，激发消费者购买兴趣。

2.1.5 消费者的思维

1. 思维的含义

思维是人们在已有知识的基础上，对客观事物间接、概括的反映，是人们认知过程的最高阶段。同感觉和知觉相比，思维是人们的理性认知过程，具有间接性和概括性的特征。具体地讲，思维是人们在实际生活中，大脑在感觉和知觉经验的基础上，对事物进行分析和综合、抽象与概括后形成概念，并运用概念进行判断和推理，从而认识事物一般的和本质的特征和规律的心理过程。例如，无论一家商店的装修是否豪华，都必须为消费者提供优质的服务，优质的服务是所有商店生存和发展的根本。消费者通过对各家商店的比较分析会认识到，凡是能够提供优质服务的商店，其管理水平都比较高，所经营商品的可信度就比较高，从而对商店产生信任感，乐于前往该商店购买商品。

2. 思维的分类

根据思维任务的性质、内容和解决问题的方法，可以将思维分为以下几类。

（1）直观动作思维，又称实践思维，它面临的思维任务具有直观的形式，解决问题的方式依赖实际的动作。例如，自行车出了毛病，问题在哪里？人们必须通过检查自行车的相关部件，才能找出故障进行维修，从而排除故障。这种通过实际操作解决直观、具体问题的思维活动，就是直观动作思维。三岁以前的小孩儿只能在动作中思考，他们的思维基本上属于直观的动作思维。他们将玩具拆开，又重新组装，如果动作停止，那么他们的思维也就停止了。

（2）形象思维，是指凭借事物的形象或表象进行分析、判断的思维。形象思维在人们解决问题的过程中具有重要的意义。例如，设计师对居室的装潢布置进行构思设计，以及企业新产品造型、广告及包装设计等都属于形象思维。大多数艺术家、作家、导演、设计师等从业者都运用形象思维来解决工作中的问题。

（3）抽象思维，也称逻辑思维，是运用概念、判断、推理的形式来认识事物本质特征的思维方式，它是人类思维的典型形式。例如，学生对一些自然科学知识的学习，消费者对某些电子产品的制作原理、内部结构、操作流程等的分析理解，都需要运用抽象思维。

3. 思维在营销活动中的作用

（1）思维的变通性与经营活动。思维的变通性即灵活性，是指善于根据事物的发展变化，运用已有的知识经验，灵活机动地进行思维，及时改变解决问题的步骤和方法。在现代企业中，运用变通性思维，常常可以使企业化险为夷，摆脱困境。

（2）思维的敏捷性与市场决策。思维的敏捷性表现为一个人能够迅速地做出反应的思维能力。在现代市场竞争中，经营者要善于把握时机，看清市场走向，及时做出正确的经营决策。

（3）思维的独创性与经营活动。思维的独创性是指思维活动新颖、独特。所谓"新

颖"就是指不墨守成规，前所未有；"独特"就是指与众不同，别出心裁。

北京一撕得物流技术有限公司（以下简称"一撕得"）成立于2013年11月，是一家专注纸箱包装行业的创新型互联网公司。为了这一只小小的纸箱，一撕得在生产设计、粘胶、机器设备等方面拥有40多项国家级技术专利。"一个有互联网思维的纸箱"，一撕得用人性化的设计理念，让纸箱包装更具人性化，利用极客精神制作产品，致力于用包装让世界变得更美好。自创办以来，一撕得保持着令人惊讶的每年10倍的增长速度。"一张订单，全国交货"，一撕得采用"无围墙工厂"理念颠覆了传统生产供应模式，突破了"纸箱供应200千米运输半径"的魔咒。一撕得全国供应链已覆盖华南、华北、华东、华中、西南五大电商活跃区域。

【启示】出奇方可制胜，创造性的思维往往可以创造出意想不到的收益。

↘ 2.1.6 消费者注意

1. 注意的概念

所谓注意，就是指人的心理活动对外界一定事物的指向和集中。指向性和集中性是注意的两个基本特征。指向性是指在某一时刻，人们的心理活动有选择、有方向地指向某一特定的事物，同时离开其他的事物。集中性是指心理活动能够在特定的选择和方向上保持不变并深入下去。注意是消费者消费行为过程中必不可少的心理活动，它是伴随着感觉、知觉、记忆、想象和思维等心理过程产生的一种心理状态。

2. 注意的种类

注意根据产生和保持的有无目的性和意志努力程度，可分为无意注意和有意注意两种。二者相互联系，相互转换。

（1）无意注意，是指事先没有预定目的，也不需要任何意志努力的注意。一般是由于外界的某种刺激所引起的。刺激物的强度、对比度、活动性、新奇性等是引起无意注意的主要原因。例如，造型独特、色泽鲜艳的商品更容易引起消费者的无意注意。

（2）有意注意，是指自觉的、有目的的，在必要时需要意志努力的注意，它是主动

的、服从于当前一定任务要求的注意。例如，消费者到商店寻找自己想购买的商品就是一种有意注意。

3. 注意的功能

（1）选择功能。面对琳琅满目的商品，消费者往往把注意力指向和集中于符合自己需要的少数商品或信息，而排除或避开其他无意义、不符合自己需要的外部影响或刺激。

（2）维持功能。这一功能的表现是使注意能够长时间集中于一定对象，并一直保持到完成行为动作或达到目的为止。由于注意的作用，消费者在选购商品时，往往会把某种选择贯穿于对商品的认知、决策和行为的全过程，而不至于经常改变方向和目标。

（3）监督和调节功能。这一功能即排除干扰，不断促进和提高消费者心理活动的强度和效率，使注意具有集中性和指向性。在注意的作用下，消费者可以自觉排除干扰，克服心理倦怠，对商品选购过程中存在的偏差及时进行调节和纠正，从而使心理活动更加准确和高效，如图2-7所示。

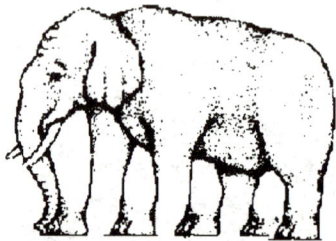

这头大象有几条腿？

图 2-7　注意具有集中性和指向性

4. 注意在营销活动中的作用

注意在消费者购买商品的活动过程中具有重要的作用。企业在商品设计、包装、广告宣传等营销活动中，应有针对性地采取多种营销手段，以引起和保持消费者的有意注意。

（1）利用成功的广告宣传引起消费者注意。实践证明，在广告制作中合理利用刺激物的大小、强度、色彩、位置等的对比及变化可以增强消费者的注意。

（2）充分发挥注意的功能，引发消费需要。只有有意注意才可以引发消费者明确的消费需要，当消费者对某种商品根本没有兴趣时，经营者可以借助相对强烈的刺激去引发消费者的注意，使无意注意转化为有意注意，达到一定的销售目的。例如，1905年巴拿马世界博览会初始，各国评酒专家对装潢简陋、其貌不扬的茅台酒不屑一顾。中国酒商急中生智，趁展厅内客商较多的时候，故意将一箱茅台酒摔碎在地上，展厅内顿时香气四溢，举座皆惊，此举使茅台酒一举夺得世界金奖，从此名声大噪，走向了世界。

（3）采用多元化的经营手段，调节消费者在购物过程中的注意转换。目前，国内外很多大型零售企业采用集购物、娱乐、休闲、餐饮为一体的多元化经营方式，满足消费者全方位的消费需要。消费者在各种消费活动中进行有意注意和无意注意的相互转换，有利于延长逗留时间，从而创造更多的消费机会，同时，也使消费者自己享受到消费的乐趣。

任务二　消费者购买商品的情感过程分析

消费者通过认知过程，实现了对商品的认识和了解。但是，人的心理活动并不仅仅停留在认识水平上，还会对所认识事物赋予不同的情感。因此，消费者的消费活动过程，实际上也是充满情感体验的活动过程。消费者对于客观事物是否符合自己的需要而产生的主观体验，就是消费者的情感过程。

情感过程是人们对事物的一种好恶倾向，主要通过人的面部表情、言语表情和体态表情表现出来。消费者的情感过程表现为情绪和情感两个方面。

美国心理学家艾伯特·梅拉比安曾提出一个公式：信息的全部表达=7%（语言）+38%（声音）+55%（表情）。我们把声音和表情作为非语言交往的符号，那么，人际信息沟通只有7%是由语言完成的，而绝大部分是通过非语言的形式进行的。同样一句话，可以正话反说，也可以反话正说，这都取决于语调、面部表情和体态表情。

↘ 2.2.1　情绪、情感的含义

情绪一般是指短时间内与人的生理需要是否得到满足相联系的一种体验，是人和动物共有的、较低级的心理现象，一般带有情景性、冲动性和短暂性。例如，人们触景生情引发的伤心或激动。现代心理学一般把情绪分为快乐、愤怒、悲哀、恐惧四种基本形式，如图2-8所示。在现实生活中，消费者的情绪也是通过这些基本形式表现出来的。

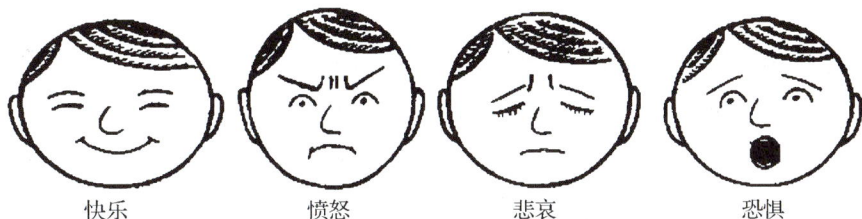

| 快乐 | 愤怒 | 悲哀 | 恐惧 |

图2-8　人类的情绪

情感是长时间内与人的社会性需要是否得到满足相联系的一种体验，是一种较高级、深层次的、人类特有的心理现象。和情绪相比，情感具有较强的稳定性、持久性、深刻性。例如，人们对祖国的热爱，对高尚情操的赞美，对不法行为的痛恶等都属于情感的表达。

情绪和情感之间既有区别又有联系。一方面，人们情绪的变化受到早期形成的情感的制约；另一方面，个人的情感又总是通过情绪得以体现。因此，从某种意义上来讲，情绪是情感的外在表现，情感是情绪的内在本质。

在消费活动中，消费者的购买行为更多地受其情绪、情感的影响。良好的情绪和情感会促进购买行为的发生，不良的情绪情感则会阻碍购买行为的发生。

↘ 2.2.2 情绪、情感的类型

1. 按强度、速度和持续时间分

（1）心境，又可称为心情，是一种较微弱、平静而持久的情感体验。心境的主要特点是弥散性和持续性。某种心境在较长一段时间内会影响一个人的全部生活，使人的语言、行为都带有这种心境的色彩。因此，消费者在某一阶段心境的好坏对其购买行为具有重要的影响。

（2）热情，是一种强有力的、稳定而深刻的情感体验。消费者的消费热情表现为为了购买某种心仪的商品心甘情愿做出努力。例如，一个追求时尚前卫的人，为了购买最新款的手机，哪怕省吃俭用，昼夜排队也要如愿以偿。

（3）激情，是一种猛烈的、迅速爆发的、短暂的情感体验，也称为激动。其主要特点是瞬息性和冲动性，如狂喜、暴怒、绝望等，火爆的促销现场所促发的消费者的购物行为大多属于激情体验。

（4）应激，是由出乎意料的紧张情景所引发的情感体验。当人们遇到突如其来的变故时，情绪就出现应激状态。在应激状态下，人们常出现两种表现：一种是惊慌失措、目瞪口呆，陷入混乱之中；另一种是处乱不惊、急中生智，及时排除各种意外，摆脱困境。例如，在火爆的促销现场出现拥挤、混乱的局面，会引起部分消费者的不满情绪，销售人员在这种突发事件发生时，以什么样的应激状态去面对至关重要。如果手忙脚乱，便会火上浇油；如果能做到临危不乱、沉着应对，便能有序处理、化险为夷。

2. 按社会内容分

（1）道德感，是根据一定的社会道德标准，评价自己或他人的行为举止、思想意图时所产生的情感体验。当他人的思想、行为符合自己掌握的道德标准时，就会产生积极愉悦的情感体验，反之，就会产生厌恶、愤怒的情感体验。例如，消费者在购买商品时受到礼貌、真诚的接待就会产生满意感，反之，就会产生不满或气愤。

（2）理智感，是人们根据求知欲望是否得到满足而产生的情感体验。它与人的认识活动、求知欲、兴趣等社会需要相联系。人们在探究未知的过程中有所发现时，就会产生成就感和满足感；当遇到困难和障碍时，就会产生疑惑或惊讶的感受。

（3）美感，是人们根据自己的审美标准对自然、社会现象及其在艺术上的表现给予评价时所产生的情感体验。消费者的审美标准存在一定的差异，企业应根据消费者对美的不同需要进行多样化的产品设计，以满足消费者不同的情感需要。

↘ 2.2.3 情绪、情感的外部表现

情绪和情感是人们一种内部的主观体验，但是，当情绪和情感发生时，又总是伴随着某种外部表现。这种外部表现是可以观察到的某些行为特征。这些与人们情绪、情感有关的表现叫作表情。

1. 面部表情

面部表情是通过人的眼部、颜面和口部肌肉的变化来表现出的各种情绪状态。人的眼睛是最善于传情的，不同的眼神可以表达出人的各种不同的情绪和情感。例如，高兴时"眉开眼笑"，气愤时"怒目而视"，恐惧时"目瞪口呆"，悲伤时"两眼无神"，惊奇时"双目凝视"等。眼睛不仅能传递感情，还可以交流思想，人们之间有许多事情可以意会，不可言传，在这种情况下，通过观察人的眼神可以了解其思想和意愿，推知其态度。不同情绪的面部表情模式如表2-2所示。

表2-2 不同情绪的面部表情模式

情　　绪	面部表情模式
兴奋	眉眼朝下、眼睛追随着看、倾听
愉快	笑、嘴唇朝外朝上扩展、眼笑（环形皱纹）
惊奇	眉眼朝上、眨眼
悲痛	哭、眉眼拱起、嘴朝下、有泪、有节奏的抽泣
恐惧	发愣、脸色苍白、出汗发抖、毛发竖立
羞愧、羞辱	眉眼朝下、头低垂
轻蔑、厌恶	冷笑、嘴唇朝上
愤怒	皱眉、眼睛变狭窄、咬紧牙关、面部发红

2. 体态表情

体态表情是指以身体各部位的姿势和肢体运动来表达一个人的情绪与情感，尤其是以手、脚的变化为主要形式。例如，人在高兴时手舞足蹈；在悲痛时捶胸顿足；在惧怕时手足无措等。

3. 言语表情

言语表情是指人们运用言语的声调、节奏、速度等方面的变化来表达不同的情感。例如，人们高兴时语调高、语速快、有节奏感；悲伤时语调低沉、语速缓慢、缺乏节奏感等。

2.2.4 影响消费者情绪、情感的因素

影响消费者情绪和情感的因素是多方面的，在购买活动中，消费者情绪和情感的产生主要受以下几个方面因素的影响。

1. 购物环境

心理学认为，人的情绪不是自发的，而是由环境中的多种刺激引发的。从消费者购买活动来分析，直接刺激消费者感官、引起情绪变化的因素主要包括购物现场的设施、照明、温度、声音及销售人员的精神面貌。当消费者步入宽敞明亮、温度适宜、整洁有序的购物环境时，自然感觉心情舒畅，如果营业员的服务热情周到，则更能使消费者产生愉悦的情绪，企业必将取得意想不到的营销效果。

鼓励顾客挑毛病，有意见给奖励

有一家饭店，开业的第一天就在门口竖起一块招牌敬告消费者："凡是来店用餐者，对本店的服务态度、卫生、饭菜质量等一切都感到满意而提不出意见者，加收3元，若能提出意见，则奖励3元。"这一手段很奇特，吸引了很多顾客，每天食客满座。头1个月，这家饭店共支付了5000多元的意见费。消费者提了意见，饭店在奖励给他们3元钱的同时，饭店也立即改进了自身的不足。这样，到了第二个月，形势逆转，消费者反而主动交了累计560元的"罚款"，他们对饭店再也提不出意见，也挑不出毛病了。消费者交"罚款"时高兴地说："只要饭菜可口、服务到位、干净卫生，多花3元钱也值得"。

【启示】良好的购物环境，不仅可以营造温馨舒适的选购氛围，还可以让消费者产生积极愉悦的购物体验。

2. 商品因素

商品的优劣直接影响消费者的需要能否得到有效满足，以及消费者切身利益是否受到损害。因此，商品因素是影响消费者情感的主要因素。如果商品的功能效用、外观设计、包装装潢、品牌信誉、销售服务及价格等要素符合消费者的需要，那么商品自然能激发消费者的兴趣和想象，消费者就会对商品产生好感，从而促进其购买行为的发生。

3. 消费者个人心境

消费者个人心境是指消费者进入购物现场时的情绪状态。心境是一种较微弱、平静持久的情感体验。在某种心境持续的时间里，它能影响人的整个行为表现。不同的心境会使消费者行为带有不同的感情色彩，或兴高采烈、轻松自在；或郁郁寡欢、闷闷不乐等。

4. 销售人员的表情与态度

在服务行业中，微笑服务已成为基本的服务原则。微笑可以传递亲切、友好、接纳的信息，销售人员的微笑在某种程度上可以较好地化解消费者与销售人员之间的误会或矛盾，从而消除消费者的不满情绪。同时，微笑服务也会给消费者留下较为深刻的情感记忆。微笑是愉悦情绪的自然流露，人们很难装出一副微笑的表情来。销售人员微笑地接待消费者，必须是自己内心真实情感的流露。这就要求销售人员从根本上提高自己的职业素养，发自内心地热爱自己的本职工作，诚心诚意地尊重消费者，以饱满的热情接待每一位消费者。

事半功倍的"感情债"

美国汽车推销大王乔伊·吉拉德认为，在推销中重要的是"要给消费者放一点感情债。"当消费者来到他的办公室忘记带香烟又想抽一支时，他不会让消费者跑到车上去拿，而是问："你抽什么牌子的香烟？"听到答案后，就拿出来递给他。因为他的办公室通常放着各种牌子的香烟以备不时之需，这就是主动放债，一笔小债，一笔感情债。他给消费者一点点的额外服务，就会使消费者觉得有所亏欠。

【启示】

当今社会，物质产品已极大丰富，人们的个性化需要日趋强烈，对品牌的选择主要依据个人好恶、审美需要、情感诉求来进行。

消费者不但来买商品，而且还买态度、买感情。只要你给消费者放出一笔感情债，他就欠你一份情，以后有机会他可能会来还这笔债，而最好的还债方法就是购买你推销的商品。

总之，消费者的情绪和情感对于其消费行为的作用，既有积极的一面，也有消极的一面。人的情绪本身包含了两极性的特点，即愉快与不愉快、满意与不满意。积极的情绪会促使消费者产生积极的消费体验，并推动消费行为进行的速度。同时，积极的情绪还会增加消费者的勇气，从而克服购买活动中可能出现的各种困难。反之，不愉快的情绪往往对消费行为起到消极抑制的作用。例如，消费者的不满情绪如果来自商品，那么消费者就会拒绝购买这种商品；如果来源于购物场所，那么消费者就会尽快离开，甚至不会再来；如果来源于销售人员，那么消费者就会拒绝购买商品，还会随着被激发的不良情绪与销售人员发生激烈的矛盾和冲突。

企业和销售人员应从两个方面处理消费者在购物活动中的情绪和情感问题：一方面是尽量营造轻松舒适的购物环境，以良好的服务质量和热情真诚的态度接待每一位消费者，使消费者心情愉悦；另一方面是要尽力在消费者心中树立良好的企业形象，使消费者能够长久地与企业建立紧密的情感联系。

任务三　消费者购买商品的意志过程分析

消费者的心理功能并不仅限于对商品和服务的认知过程和一定的情感体验，更重要的是可以有计划地实施购买决策并将购买决策付诸购买行动。

2.3.1 意志的含义与特点

1. 意志的含义

意志是人为了达到一定的目的，自觉组织和调节自己的行为，克服困难实现目标的心理过程。消费者在购买活动中，自觉地确定购买目标，并主动调节购买行为，努力克服各种困难，从而实现预定购买目标的心理活动过程，就是消费者的意志过程。消费者在经历了对商品的认知过程和情感体验之后，是否会采取实际的购买行动，还要依赖于其心理活动的意志过程，它是消费者由认识购买需要到付诸购买行动的心理保证。

2. 意志的特点

消费者的意志特点包括以下三个方面。

（1）目的性。人的意志活动总是与其行动的目的密切联系。一个人活动的目的性越明确，就越能自觉支配和调节自己的心理状态和外部行为，因此完成活动的过程也就会变

得更迅速、更高效。例如，小学生每天将父母给的零花钱积攒起来就是为了购买一个梦寐以求的玩具；很多大中专学生省吃俭用就是为了购买一款盼望已久的时尚智能的高端手机。

（2）克服困难性。消费者的意志行动有着明确的目的，而目的的实现往往会遇到各种各样的困难，克服困难的过程就是消费者的意志行动过程。例如，消费者在挑选商品时，面对喜爱的几种商品拿不定主意，或者因经济条件所限，无法拥有心仪的商品，再或者对商品的内在质量难以判断，遇到这些情况，导致其购买信心不足。是重新考虑购买目的，还是克服困难实现购买目的，都需要消费者再次进行评估分析。

（3）调节性。调节性是指意志对人的心理状态和外部行为具有自觉的支配和调节作用。这种作用表现为发动和抑制两个方面。一方面，意志可以发动人的情绪和行动，激励人达到预定目的；另一方面，意志也可以抑制或阻止不符合预定目的的情绪和行动，这两方面作用的统一，使人能够克服各种各样的困难和障碍，实现活动预定的目的。因此，有些时候，根据实际情况，及时改变达标途径或调整预定目标也是一种理智的行为。

↘ 2.3.2 消费者购买商品的意志过程

1. 做出购买决定阶段

做出购买决定阶段是消费者意志活动的最初阶段，也是购买商品前的准备阶段。它包括确定购买目标、舍取购买动机、选择购买方式和制订购买计划四个方面。例如，消费者根据自己的购买能力和商品的供应状况，从自己的需要出发，分清主次、轻重、缓急，做出各种决定。消费者在这个阶段需要克服个人心理上的冲突，选定恰当的购买动机，战胜自身因素带来的困扰，及时做出购买决定。

2. 执行购买决定阶段

执行购买决定阶段是购买决定变为现实购买行为的过程，是意志活动的关键阶段，需要消费者做出更大的意志努力。在决定执行过程中，仍然会遇到来自外部或内部各种困难和障碍。例如，在购买过程中，遇到销售人员服务态度差、服务水平低，商品质量和价格不尽如人意，发现更能满足自己需要的其他同类商品等。此时，消费者仍有可能放弃原定的购买目的和计划，或者重新确立、修正自己的购买目的和计划。因此，执行购买决定阶段是真正表现意志的中心环节。它不仅要求消费者克服自身困难，还要排除外界的干扰和障碍，为实现最初的购买目的付出一定的意志努力。

3. 体验执行效果阶段

商品买回后，消费者的意志活动并未结束，通过对商品的使用，还要体验执行购买决定的效果。体验执行效果阶段实际上就是看消费者对买回家的商品是满意还是不满意。一般情况下，消费者对所购买商品都会有一个预期值，完成购买活动后，常常会将购前和购后的感受加以比较，若购后感受和购前期望相一致，就会对商品产生满意感；若购后感受达不到购前预期，就会有挫败感；若购后感受超出购前预期，就会喜出望外。

↘ 2.3.3　消费者的意志过程与认知过程、情感过程的关系

通过对消费者的认知过程、情感过程和意志过程的分析，可以看出消费者对商品的心理活动实际上是这三个过程的统一，即消费者的意志过程与认知过程、情感过程有着不可分割的紧密联系。

一方面，意志过程有赖于认知过程得以体现，同时又促进认知过程的发展和深化。消费者在认识商品、了解商品的过程中，常常会遇到各种各样的困难和障碍，而克服这些困难和障碍，对商品进行观察、记忆和思考需要意志努力。通过消费者的意志过程，就可以促进消费者对商品更广泛、更深入的认识，从而提高购买活动的主动性和自觉性。

另一方面，意志过程有赖于情感过程，同时又调节情感过程的发展和变化。情绪和情感既可以成为意志活动的动力，也可以成为意志活动的阻力。积极的情绪情感能够提高消费者的意志力，激励其克服困难的勇气和信心，顺利实现预定的购买目的。反之，则会削弱消费者克服困难的信心和勇气，影响购买目的的顺利实现。同时，消费者的意志过程对情感过程也起着调节和控制的作用。在意志过程中，消费者的某些积极或消极的情绪会得到调节或控制，使情绪服从于理智。

由此可见，消费者的认知、情感和意志三个心理活动过程，既按照一定的规律独立发展，又相互影响，彼此渗透，相互交叉着进行活动。一般来说，消费者完成一次购买活动，其心理活动过程也随之结束。但是，消费者在购买商品和使用商品的过程中所产生的情感体验、新的认知和意志锻炼，还将影响其下一次的购买行为。

案例5　食物版的"秘密花园"

在许多人的印象里，宜家就是一个让顾客自己动手组装家具的超大型低价商店，就好像成年人的巨大玩具城堡。人们徜徉于琳琅满目的各种展示间，想象着如果把这些新颖的书桌、灯具或书橱放到自己的家中会是怎样一番景象。然后人们把它们带回家，打开包装箱，把安装说明书看一遍，再动手用各种安装螺栓把它们组装到一起。花费了几个小时的功夫和力气，就可以获得一种创造的满足与成就感。

最近，宜家与广告公司 Leo Burnett 合作，研发出了食物版的"秘密花园"。它的概念很简单但很好玩，其依据是一本叫 *Cook This Page* 的食谱。食谱里面的食材基本都能从宜家卖场买到。食谱里打印了一份份平面图，按说明填补实际原料，再一打包、一加热就可以食用了，是不是有种做建筑模型的感觉？食谱连佐料都画得很形象，长度、重量、数量都一清二楚，完全适合任何想制作美食的人，这和组装家居完全是一个"套路"，把组装家具的玩法移位到餐饮上，既让人大呼有趣，又使人觉得这就是"宜家 Style"。

【启示】

富有创意的营销策划，拓宽了消费者对企业品牌的认知度；提升了消费者对品牌的忠诚度，让消费者为快乐买单；实实在在地提高了企业的经营收入；有效运用了互联网所具有的强大力量。

你说了什么，客户不会记得多少，但你带给他们的感受，他们却永远忘不了。

——西门·海尔

练习与实训二

一、选择题

1. "视而不见，听而不闻"在心理学中被称为知觉的（　　　　）。

A. 选择性　　　　B. 整体性　　　　C. 理解性　　　　D. 恒常性

2. 差别阈限在市场营销中有很多用处。例如，为了减少每件商品的重量和数量，商家提高商品的价格或改变包装，而又尽可能不让大多数消费者发现，就把每次改变量控制在差别阈限（　　　　）。

A. 以下　　　　B. 以上　　　　C. 相等　　　　D. 无关系

3. 古人说的"入芝兰之室，久而不闻其香"，反映了人的感觉的（　　　　）特性。

A. 适宜刺激　　B. 适应性　　　C. 对比性　　　D. 相互作用

4. 消费者在认知商品时，总是把商品质量、价格、款式或商标、包装等个别属性综合在一起，形成对商品的整体形象，这是利用了知觉的（　　　　）。

A. 选择性　　　　B. 整体性　　　　C. 理解性　　　　D. 恒常性

5. 市场上商品琳琅满目，人们把它们按照一定的标准分为食品类、日用品类、服装类等，这体现出人们思维的（　　　　）。

A. 直接性　　　　B. 间接性　　　　C. 整体性　　　　D. 概括性

6. （　　　　）是人们对客观事物认识的最高阶段。

A. 知觉　　　　B. 思维　　　　C. 想象　　　　D. 记忆

7. 美味佳肴讲究色香味俱全，这是因为消费者的感觉具有（　　　　）特性。

A. 适宜性　　　　B. 适应性　　　　C. 关联性　　　　D. 实践性

8. 强有力的、稳定而深沉的情感是（　　　）。

A. 心境　　　　　B. 应激　　　　　C. 热情　　　　　D. 激情

9. 与社会性需要是否满足相联系的心理活动是（　　　）。

A. 情绪　　　　　B. 情感　　　　　C. 心境　　　　　D. 应激

10. 消费者意志过程的中心环节是（　　　）。

A. 执行购买决定　　　　　　　　B. 做出购买决定

C. 体验执行效果　　　　　　　　D. 搜集信息

二、判断题（正确的打"√"，错误的打"×"）

1. 强烈、鲜明、新奇的活动刺激能够引起人们由无意注意向有意注意转换。（　　　）

2. 从某种意义上来讲，情感是情绪的外在表现，情绪是情感的内在本质。（　　　）

3. 错觉对企业商品销售活动既有积极的一面，也有消极的一面，如能巧加利用，将有助于商品销售活动的开展。（　　　）

4. 使事物处于运动变化之中，更便于引起消费者的注意。（　　　）

5. 情绪与情感一样，始终在意识支配的范围内进行。（　　　）

6. 要提高广告的记忆效果，必须适度重复播放，但要注意在时间和空间上要有一定的距离。（　　　）

7. 消费者对商品的认知过程，是一个由感性认识到理性认识的过程。（　　　）

8. 想象能完善产品，激发消费者兴趣，对促进购买行为有积极作用。（　　　）

9. 意志过程是消费者由认识购买需要到付诸购买行动的心理保证。（　　　）

10. 消费者在购买活动中，对商品的认知、情感和意志三个心理活动过程是互有影响、彼此渗透、相互交叉地进行的。（　　　）

三、简答题

1. 影响消费者感知的条件和因素有哪些？

2. 简述记忆在营销活动中的作用。

3. 简述情绪和情感的区别和联系。

4. 简述影响消费者情绪、情感的因素。

5. 简述消费者购买商品的意志过程。

四、实训题

1. 有关调查显示：1个满意的消费者平均告诉3个人关于好产品的情况，而1个不满意的消费者会把不愉快的体验告诉11个人，显然比起好话来，坏话传得既快又远，并且能迅速败坏消费者对某个公司或产品的印象。

试利用心理学知识解释该现象。

2.1954年，心理学家贝克斯顿、赫伦和斯科特等进行了一项"感觉剥夺"实验。他们在付给志愿者每天20美元的报酬后，让志愿者在缺乏刺激的环境中逗留。实验好像是非常愉快的。具体地讲，就是在没有图形视觉（志愿者必须戴上特制的半透明的塑料眼

镜)、限制触觉（手和臂上都套有纸板做的手套和袖头）和听觉（实验在一个隔音室里进行，用空气调节器的单调嗡嗡声代替其听觉）的环境中静静地躺在舒适的帆布床上。实验开始阶段，许多志愿者都是大睡特睡，或者考虑其学期论文。然而，两三天后，他们便决意要逃脱这单调乏味的环境。实验的结果显示：感到无聊和焦躁不安是最起码的反应。在实验过后的几天里，志愿者注意力涣散，思维受到干扰，不能进行明晰的思考，智力测验的成绩不理想。另外，他们在生理上也发生了明显的变化。通过对脑电波的分析，证明志愿者的全部活动严重失调，有的志愿者甚至出现了幻觉（白日做梦）现象。

试分析"感觉剥夺"实验背后的原因。

项目三 消费者个性心理特征

知识要点

◎ 消费者气质与购买行为

◎ 消费者性格与购买行为

◎ 消费者能力与购买行为

能力要点

◎ 掌握消费者个性心理的特征，能够针对不同个性的消费者，挖掘其消费需要

◎ 能够针对不同气质、性格、能力的消费者采取不同的营销策略

◎ 能够结合案例进行较全面的消费者的消费个性分析

引例3——关于"延迟满足"的经典实验

20世纪60年代，美国斯坦福大学心理学教授沃尔特·米歇尔设计了一个著名的关于"延迟满足"的实验，这个实验是在斯坦福大学校园里的一间幼儿园进行的。研究人员找来数十名儿童，让他们每个人单独待在一个只有一张桌子和一把椅子的小房间里，桌子上的托盘里有这些儿童爱吃的棉花糖。研究人员告诉他们可以马上吃掉棉花糖，或者等研究人员回来时再吃就可以再得到一颗棉花糖作为奖励。他们还可以按响桌子上的铃，研究人员听到铃声会马上返回。对这些孩子们来说，实验的过程颇为难熬。有的孩子为了不去看那诱惑人的棉花糖而捂住眼睛或背转身体，还有一些孩子开始做一些小动作——踢桌子、拉自己的辫子，有的甚至用手去打棉花糖。结果，大多数的孩子坚持不到三分钟就放弃了。一些孩子甚至没有按铃就直接把糖吃掉了，另一些则盯着桌上的棉花糖，半分钟后按了铃。大约三分之一的孩子成功地延迟了自己对棉花糖的欲望，他们差不多要等15分钟后研究人员回来再兑现奖励。

心理学家继续跟踪研究参加这个实验的孩子们，一直到他们高中毕业。跟踪研究的结果显示：那些能够等待并最后吃到两颗棉花糖的孩子，在青少年时期仍能等待机遇而不急于求成，他们具有一种为了更大更远的目标而暂时牺牲眼前利益的能力，即自控能力。而那些急不可待只吃一颗棉花糖的孩子，在青少年时期，则表现得比较固执、虚荣或优柔寡断，当欲望产生的时候，他们无法控制自己，一定要马上满足欲望，否则就无法静下心来继续做后面的事情。换句话说，能等待的那些孩子的成功率远远高于那些不能等待的孩子。

每个人都要通过较为复杂的心理活动认识外界事物，反映着这些事物和自己的关系，体验着各种情感，支配着自己的活动。但是，每个人在进行这些心理活动的时候，都表现出与他人不同的特点。这些特点构成了一个人不同于他人的心理面貌。

消费者在购物活动中产生的认识、情感与意志等心理过程，体现了人的心理活动的一般规律，是人类心理现象的共性。但在现实的购买活动中，消费者的心理现象除体现出这些共性规律外，还体现出明显的个体差异性，构成了消费者千差万别、各具特色的购买行为。这主要是由于消费者不同的个性心理特征所决定的。所谓个性心理特征是指一个人所具有的持久、稳定和本质的心理特征，包括气质、性格和能力等。这些个性心理特征，为个人行为染上独特的色彩，也使整个社会和消费市场更加丰富多彩。人的个性心理特征的形成和发展，既受先天因素的影响，也受后天因素的影响。先天因素是人的个性心理特征的生理属性，是个性特征产生的物质基础。后天因素是人的个性心理特征的社会属性，对人的个性心理的形成、发展和转变具有决定性作用。人的个性心理特征总是通过一定的行为方式表现出来，或者说，人的行为在一定程度上反映了其个性心理特征。消费者的个性心理特征的差异，总是通过不同的购买行为表现出来。因此，了解和研究消费者的个性心理特征，不仅可以解释不同消费者的不同购买行为，还可以在一定程度上预测不同消费者

未来的消费趋向，对企业经营活动的长期发展具有重要意义。

任务一　消费者气质与购买行为分析

▶ 3.1.1　气质的含义

气质是指一个人与生俱来的、典型的、稳定的心理特征，它表现为人的心理活动的全部动力特征。心理活动的动力特征是指心理活动的强度、速度、稳定性、灵活性和指向性等。心理活动的强度是指情绪变化的强弱、意志努力的程度、耐受力的大小等；心理活动的速度是指知觉的快慢、思维的敏捷性等；心理活动的稳定性是指情绪的稳定性，以及注意力集中时间的长短；心理过程的灵活性是指兴奋与抑制转化的快慢、注意力转移的难易等；心理活动的指向性是指心理活动是倾向于外部事物，善于从外部获取信息，还是倾向于内部活动，善于体验自己的情绪和内心感受等。

人的气质特征不以活动的动机、目的和内容而改变，往往以同样的方式表现在各种各样的活动中。也就是说，具有某种气质特征的人，常常在不同的活动中表露出相同或相似的动力特征。例如，一个情绪容易激动的人，不仅在应该激动的场合表现出激动的情绪，而且在不值得或不应该激动的场合也难以抑制激动的情绪。甚至，有时会为了一点小事和他人无休止地争得面红耳赤。由此可见，气质往往使一个人的心理活动和行为表现带有个人独特的色彩。

虽然气质受遗传因素的影响，与生俱来，但是，在教育环境和生活条件的影响下，也能够发生缓慢的变化。例如，青少年时期，人们的行为往往表现为好动、爱冲动；到了中年以后便趋向于沉着、稳健。这是因为遗传因素对气质的影响会随着年龄的增长而减弱，而环境及个体主动学习等方面对气质的影响会越来越大。

▶ 3.1.2　消费者气质类型与购买行为表现

气质是一个古老的概念，长期以来，心理学家对气质心理特征进行了多方面的研究，产生了各种气质类型理论和学说，如体形学说、血型学说、体液学说、倾向学说、激素学说、高级神经活动类型学说等，其中最具代表性的是体液学说和高级神经活动类型学说。

公元前5世纪，古希腊医生希波克里特在自己的临床实践中，首先提出人体中有四种体液：血液、黏液、黄胆汁、黑胆汁。这四种体液在人体中占有不同的比例，形成了人的四种气质类型，即多血质（血液占优势）、黏液质（黏液占优势）、胆汁质（黄胆汁占优势）、抑郁质（黑胆汁占优势）。在20世纪初，俄国生理学家巴甫洛夫利用条件反射学说揭示了高级神经活动的规律性和神经活动过程的基本特征。他认为人的高级神经活动分为四种基本类型，即兴奋型、活泼型、安静型、抑制型。希波克里特的气质类型正好与巴甫洛夫的气质类型相对应：多血质对应活泼型；黏液质对应安静型；胆汁质对应兴奋性；抑

郁质对应抑制型。

不同气质类型的消费者在购买行为上往往有不同的表现，而每种气质类型的消费者购买行为往往具有相似的表现。

1. 胆汁质

胆汁质气质类型的人兴奋度高，精力旺盛，反应迅速，直爽热情，表里如一，情绪体验强烈，有顽强的拼劲和果敢性；但缺乏耐心，灵活性不够，抑制力差，易冲动，脾气暴躁，其整个心理活动充满迅速和突发的色彩。

这类消费者在购物活动中，表情外露，心直口快，选购商品时言谈举止显得匆忙，一般对接触的第一件合意的商品就想买下，不太愿意反复挑选比较。因此，往往会较迅速地，甚至草率地做出购买决定。他们一到商场就急于完成购买任务，若等候时间稍长或销售人员有所怠慢，便会激起他们的烦躁情绪。他们在与销售人员的接触过程中，其言行主要受情绪支配，常常凭直观感觉挑选商品。

2. 多血质

多血质气质类型的人往往表情丰富，感情易表露，活泼好动，乐观开朗，善于交际，思维灵活，动作敏捷；兴趣广泛但往往不求甚解，注意力易转移，容易受周围环境的影响，情绪不稳定且内心体验不深刻。

这类消费者对购物环境及周围的人适应能力强，热情开朗，愿意与销售人员交换意见或与其他消费者攀谈，喜欢和别人交流自己的购物经验和体会。在选购商品的过程中，他们容易受周围环境的感染、购买现场的刺激和社会流行的影响，注意力容易转移，兴趣不稳定。商品的外观质量对这类消费者影响较大，他们的购买行为易受感情支配。

3. 黏液质

黏液质气质类型的人情绪稳定，常常喜怒不形于色，安静沉稳，喜欢思考，自信心强，善于克制忍耐，做事富有条理性，谨慎细致；但是往往反应缓慢，灵活性不足，比较刻板执拗，不易于适应新环境。

这类消费者喜欢独自挑选，他们认真、冷静、慎重，善于克制自己的情感，不易受广告、商标、包装等因素的干扰和影响，对自己喜爱或熟悉的商品会连续购买。他们对各类商品只有经过精挑细选后才会做出购买决定，购买过程较长，有时会引起销售人员或其他消费者的不满。

4. 抑郁质

抑郁质气质类型的人对外界刺激反应迟缓，情感体验深刻、持久，有较强的敏感性，容易觉察别人不易觉察的问题，但不善于表达，行为谨小慎微，戒备心理较强，不善于沟通交往。

这类消费者在选购商品时，不善于表达自己的购买愿望和要求，观察商品仔细认真，往往能够发现商品细微之处的问题，行为拘谨，神态唯诺，决策过程缓慢，小心多疑。他们既不相信自己的判断，又对销售人员的推荐和介绍心存戒备，担心上当受骗，经常会在

38

犹豫不决中放弃购买。

需要指出的是，气质并不决定一个人的活动内容和方向，也无法决定一个人社会地位的高低或成就的大小。气质类型没有好坏之分，每种气质既有它积极的一面，也有它消极的一面。现实生活中，绝对属于某一种气质类型的人并不多，大多数人是以某一种气质类型为主，兼有其他气质特征的混合型。

3.1.3 对不同气质类型消费者的销售策略

不同气质类型的消费者，其购物行为表现的特点不同，销售人员应根据消费者气质类型的不同表现，分析判断其心理活动和行为表现，由此提供有针对性的服务，促使其购买行为的顺利完成。

1. 胆汁质气质类型消费者

接待胆汁质气质类型的消费者时，销售人员应做到动作快捷，态度耐心，应答及时，可适当向他们介绍商品的有关性能，以引起他们的注意和兴趣。在他们挑选商品的过程中，销售人员应以柔和的语气善意提醒其注意细节，尽量使消费者购物情绪处于最佳状态。

2. 多血质气质类型消费者

接待多血质气质类型的消费者时，销售人员一要主动介绍商品，注意与其联络感情，当好参谋，促使其做出购买决定；二要给予适时引导，使其专注于商品的挑选，尽量缩短其购买商品的过程。

3. 黏液质气质类型消费者

接待黏液质气质类型的消费者时，销售人员要耐心沉稳，介绍商品要有的放矢，要避免过多的语言和过分热情，以免引起消费者的反感，要给消费者足够的时间去认真思考及足够的空间以供其挑选商品。

4. 抑郁质气质类型消费者

接待抑郁质气质类型的消费者时，销售人员要注意做到态度亲切，耐心介绍有关商品，细心观察，适时疏导，以真诚消除消费者的疑虑，对于消费者购买态度的反复，销售人员应给予理解，尽量为消费者营造平和愉悦的购物氛围。

任务二 消费者性格与购买行为分析

3.2.1 性格的含义

1. 性格的概念

性格是指一个人对待客观事物的态度和在社会行为方式中经常表现出的稳定倾向。它是人的个性中最鲜明、最主要的心理特征。例如，勤奋、懒惰、诚实、虚伪、慷慨、吝

啬、谦虚、骄傲、勇敢、懦弱等都属于性格特征。

人的性格不是一朝一夕形成的，它是在人与客观世界的相互作用下，伴随着人的世界观、信念、道德观等社会理念的确立而形成的。性格一旦形成，就会在人的行为中留下痕迹，打上烙印。因此，性格反映一个人的社会本质属性，具有直接的社会意义。例如，日常生活中，有的人刻苦勤奋、谦虚谨慎、乐于助人、认真负责，这就是优良的性格特征，对社会有积极的影响；有的人偷奸耍滑、狂妄自大、自私自利，这就是不良的性格特征，对社会具有消极的意义。

在批评中长大的孩子，往往会责难他人；在恐惧中长大的孩子，常常忧虑；在嘲笑中长大的孩子，个性羞怯；在羞耻中长大的孩子，自觉有罪；在鼓励中长大的孩子，深具自信；在宽容中长大的孩子，能够忍耐；在称赞中长大的孩子，懂得感恩；在认可中长大的孩子，充满自信。

2. 性格和气质的区别和联系

性格和气质虽同属于个性心理特征，但是二者又有明显的区别。

（1）二者形成的客观基础不同。气质的形成直接取决于人的高级神经活动类型，具有自然的属性；性格的形成则主要受社会环境、教育背景等后天因素的影响，具有社会属性。

（2）二者表现出的稳定性不同。气质具有先天性，受遗传因素的影响，具有较强的稳定性；性格主要是后天形成的，是在人与外界环境的相互作用中逐渐形成和发展的，相对于气质来说，比较容易改变，具有一定的可塑性。

（3）气质类型无所谓好坏，性格特征有好坏之分。气质反映的是人在情绪和行为活动中的动力特征，具有某种气质类型的人在不同的社会活动中会以同样的方式表现出来。因此，气质不受活动内容的影响，不具有社会评价意义。性格反映的是人的社会特征，表现为对客观事物的态度和行为方式，会与他人发生一定的社会关系，并产生一定的影响，或者有益于社会和他人，或者有害于社会和他人。因此，性格具有社会评价意义，有好坏之分。

性格和气质二者相互渗透、彼此制约，主要表现为以下几点。

（1）气质能够影响性格的形成和表现方式，使性格带有明显的个性特征。例如，同样是友善的性格，胆汁质气质类型的人表现为仗义豪爽，多血质气质类型的人表现为热情亲切，黏液质气质类型的人则表现为耐心诚恳，抑郁质气质类型的人表现为温柔体贴。

（2）气质影响性格的形成和发展的速度。例如，对于勇敢的性格特征，胆汁质气质类型的人比较容易形成，而对于抑郁质气质类型的人则往往需要经过较长时间的努力和锻炼。

（3）性格对气质也有深刻的影响，在一定程度上性格能够掩盖或改造气质，使气质的消极因素得到抑制，积极因素得以发挥。例如，一个胆汁质气质类型的销售人员，如果具备认真负责、意志坚定的性格特征，那么他就会在日常工作中，经常告诫和要求自己不

可急躁冲动，要保持热情和耐心，争取为他人提供优质的服务。

3.2.2 消费者性格的主要类型及购买行为表现

1. 以消费态度角度划分

（1）节俭型。这类消费者在消费观念和态度上崇尚节俭，讲究实用，主动搜集商品的各种信息，注重商品的实用性，以物美价廉作为选择标准，不注重商品的外观，不喜欢奢华、高档昂贵、无实用价值的商品，对于销售人员的推荐和介绍保持较为客观的分析态度，经常按照自己的购物经验购买商品，习惯在中、低档商店购买商品。

（2）保守型。这类消费者在消费态度上较为保守，习惯传统的消费方式，选购商品时，喜欢购买传统的和有过多次使用经验的商品，不愿冒险尝试新产品和尝试新的消费方式，甚至对尝试消费新商品的其他人也有一定的偏见和看法。

（3）自由型。这类消费者一般有较好的经济收入，购买能力较强，在消费态度上比较随意，生活方式自由，无固定的消费模式。在选购商品时，表现出较大的随意性，且选择商品的标准经常根据实际需要和商品种类的不同而改变。同时，他们受外界环境及广告影响较大，在购物场所能接受销售人员的推荐和介绍，但不会依赖别人的意见和建议，一般有较好的购买技巧。

（4）顺应型。这类消费者性格比较随和，一般没有特殊的嗜好，消费观念大众化，受同事、邻居、朋友等社会群体因素的影响较大，比较容易接受广告及其他促销手段的宣传，在购物场所愿意听取销售人员的推荐和介绍。

2. 以购买行为方式划分

（1）习惯型。这类消费者在购买商品时习惯参照以往的购买和使用经验。一旦他们对某种品牌的商品熟悉并产生偏爱后，便会经常重复购买，形成惠顾性购买行为，同时不易受社会时尚、潮流的影响从而改变自己的观念和行为。例如，有些消费者购物就到家乐福超市，买电器就买海尔电器。

（2）慎重型。这类消费者大多沉稳、持重，遇事冷静，情感体验深刻，情绪不易外露，在选购商品时，通常根据自己的实际需要并参照以往购买经验，进行仔细慎重的比较权衡，然后再做出购买决定。购买过程中，他们不易受外界影响和左右，具有较强的自我控制力。

（3）挑剔型。这类消费者具有一定的商品知识和购买经验，在选购商品时强调主观意愿，不愿征询或听从他人意见，对销售人员的解释、说明常常持怀疑态度和心存戒备。他们观察商品时小心仔细，善于发现不易被人注意到的细微之处，有时甚至过于苛刻，此类消费者大多属于内向孤僻性格的人。

（4）被动型。这类消费者由于缺乏商品知识和购买经验，在选购过程中往往犹豫不决，缺乏自信和主见，对商品的品牌、款式等没有固定的偏好，常常有不知所措的言行表现，希望得到别人的帮助，销售人员的推荐和介绍往往会对其购买行为产生较大的影响。

按消费态度和购买方式对消费者性格进行分类，只是为了方便我们了解性格与消费者行为之间的关系，以及不同性格消费者的具体表现。现实生活中，消费者的心理和行为是极其复杂的，并非如此典型化，即使是在同一类型中，由于消费者的年龄、性别、职业、经济条件、心理状态和购买商品的种类等方面的不同，以及购物环境、供求关系、销售人员服务质量等方面的差别，所以都会引起消费者心理及行为的转变。

企业在进行商品推广活动或塑造商品形象时，要考虑各类消费者的性格特点，生产消费者乐于接受的商品。通常的做法是从一个消费者群体中提取几种主要的性格类型，在这几种类型的基础上，塑造几种甚至十几种商品形象，按照现代营销的策略，选择性格相似的形象代言人作为这些商品形象的宣传代表，从而使产品能够被各种性格类型的消费者所喜爱。需要指出的是，由于性格具有社会评价意义，有好坏之分，所以我们常常会看到，当一些明星有负面新闻时，他所代言的企业和商品就会受到极大的影响。

➥ 3.2.3　对不同性格类型的消费者的销售策略

1. 消费者性格类型的确定

消费者的性格特征在购买活动中，总会以各种外部形象表现出来，只要销售人员善于观察，认真揣摩，总能及时捕捉消费者性格特征的某些方面，从而大致确定其性格类型。

（1）根据消费者行为举止确定其性格类型。销售人员在接待消费者时，通过观察消费者在商店的一举一动，便可以大致发现其性格特点。例如，性格高傲的消费者，大多走路昂首挺胸，说话傲慢，旁若无人；性格谦和的消费者大多走路不急不躁，举止有分寸；性格急躁的消费者往往疾步行进，购买商品急于成交。

（2）根据消费者面部表情确定其性格类型。俗话说："出门看天色，进门看脸色"。销售人员应善于观察消费者的面部表情，以此来判断其性格类型。例如，性格温和的消费者，脸上常带有微笑的表情；性格抑郁的消费者，常常眉头紧锁，愁容满面，表情变化少。

（3）根据消费者眼神确定其性格类型。眼睛是心灵的窗户，一个人的眼神往往能揭示其内心世界。例如，性格开朗的人，往往目光明亮有神；性格多疑的人，由于小心和警觉，目光中常表现出怀疑和不信任。

（4）根据消费者言谈确定其性格类型。不同性格的人，其语言表达方式、语速也不尽相同。例如，性格开朗的人，说话直率，表达清晰，语速较快；性格谦和的人，表达委婉含蓄，语速适中；性格懦弱的人，说话常常吞吞吐吐，表达含糊不清，语速缓慢。

2. 对不同性格类型消费者的销售策略

有经验的销售人员，往往能够从消费者的衣着、言行和表情来确定其性格特点，并适当调整自己的销售策略，以保证销售活动的顺利进行。

（1）对待购买速度不同的消费者的策略。由于性格的不同，有的消费者选购速度快，而有的消费者慢悠悠似乎难以决断，常让人感到他们会无缘无故地扭头就走，放弃购买。

对此，销售人员应恰当把握时机，果断做出判断。对待迅速购买的消费者，销售人员应主动把好商品的质量关，对那些明显于仓促之中做出决定的消费者，更应慎重对待，及时提醒消费者，以免其后悔退货；对于购买速度慢的消费者，千万不能表现出不耐烦，而应提供条件让其仔细比较，销售人员可在接待他们的同时接待其他消费者，使他们不仅不会感到被怠慢，反而可以更放松地进行选择。

（2）对待语言多寡不同的消费者的策略。在购买活动中，有的消费者爱发表自己的意见，并喜欢和销售人员交谈，但有的消费者则沉默寡言，不爱说话，对待这两种消费者，销售人员应使用不同的接待方式。销售人员在同爱说话的消费者打交道时，要掌握分寸，应答要得体，多运用纯业务性的语言，多说营销术语，创造一个活泼融洽的销售气氛；对待不爱说话的消费者，销售人员要观察他们的面部表情和目光注视的方向等，及时摸清他们的购买意图，进而用客观的语言介绍商品，并尽量寻找双方的共同语言，促使消费者尽快实现购买行为。

（3）对待随意或多疑的消费者的策略。有的消费者，由于对所购买商品的性能和特点不太了解和熟悉，往往会以销售人员的介绍为主，销售人员推荐什么，他们往往就买什么。诚实可信是商家力求在消费者心目中形成的良好形象，对待随意型的消费者，销售人员切忌弄虚作假，欺骗消费者，以免损害自己的形象。销售人员要客观、如实地介绍不同品牌商品的优缺点，尽量让消费者根据自己的需要和判断来选择合适的购买对象。对于性格敏感多疑的消费者，销售人员应该根据他们的要求，有针对性地介绍商品，尽量让他们自己去观察和选择，销售人员态度要温和友善，切忌过分热情使消费者产生戒备心理，在消费者对商品存在疑虑时，销售人员应该用真诚、客观的语言，实事求是地给予解释和说明，帮助消费者打消疑虑。

（4）对待购买行为消极或积极的消费者的策略。购买行为积极的消费者一般目的明确，在购买活动中，他们行为举止和言语表达准确、清晰。对待这类消费者，销售人员在了解其购买意图后，应积极主动配合，使消费者顺利实现购买行为。购买行为消极的消费者是那些目标和意图不明确的人，他们的购买行为是否实现，与销售人员的行为态度有极大关系。对待这类消费者，销售人员应积极主动，态度热情，利用一些广告宣传手段来激发消费者的购买欲望，最终引发其购买行为的实现。

（5）对待情绪型或理智型的消费者的策略。对待情绪型的消费者，销售人员应仔细观察他们的情绪变化，要冷静、耐心地接待，不可随意开玩笑，不可使用刺激性的语言，以免发生不必要的冲突。理智型的消费者常常运用自己做好的购买计划指导自己的购买行为，临时的推荐和广告对这类消费者影响甚微，销售人员最好任其所为，及时拿递商品，做好售后服务工作。

任务三　消费者能力与购买行为分析

3.3.1　能力的含义

能力就是指人们顺利完成某项活动所必须具备的并直接影响其活动效率的个性心理特征。例如，在学习活动中，人们需要具有一定的观察能力、记忆能力、思维能力、想象能力、分析问题和解决问题的能力。从事销售工作的人，要具有较强的记忆能力、语言表达能力、灵活敏捷的思维应变能力等。消费能力就是指消费者顺利完成购买活动所必须具备的，直接影响其活动效率的个性心理特征。消费者购买活动的效率高，说明其消费能力强；消费者购买活动的效率低，说明其消费能力弱。从事消费活动的基本能力包括对商品或服务的感知能力，对信息的综合分析和比较评价能力，购买过程中的选择决策能力，以及记忆力和想象力等。

能力是在遗传因素的基础上，通过环境（家庭、学校、社会等因素）和教育的作用，在实践活动中逐渐形成和发展起来的。能力与知识、技能并不等同，它们既有区别，又有联系。知识是人类社会历史经验的总结和概括，当它被人们认识、理解、掌握时就变成了个体意识和个体的知识体系，有利于人们完成某些活动。技能是一种通过训练而巩固了的自动化的活动方式，它在形成过程中发展了能力。因此，能力的发展离不开知识和技能的学习，能力是在掌握和运用知识、技能的基础上发展起来的。同时，掌握知识与技能又必须以一定的能力为前提，能力的大小影响掌握知识与技能水平的高低。不具备感知能力的人，无法获得感性的知识；缺乏抽象思维能力的人，难以获得理性的知识。需要指出的是，一个人知识的多少，不能完全表明其能力的大小，能力和知识技能的发展并不是完全同步的。

3.3.2　能力的分类

1. 按能力的倾向性划分

（1）一般能力，是指人们从事各种活动必须具备的，并在活动中表现出来的基本能力。一般能力的有机结合称为智力，主要包括观察力、注意力、记忆力、想象力和思维能力这五种基本能力。这五种基本能力在智力结构中相互联系，相互渗透，以思维能力为核心有机地组合为一个整体。

（2）特殊能力，是指人们完成某项专业活动所需要具备的专业能力，如语言表达能力、数字运算能力、逻辑判断能力、音乐鉴赏能力等。特殊能力的有机结合称为专业才能，是人们从事某项专业活动必备的能力，一般只在特殊领域内发生作用。

一般能力与特殊能力密切联系、相辅相成。一般能力寓于特殊能力之中，通过特殊能力表现出来。特殊能力的发展离不开一般能力，是一般能力的具体化和特殊化的表现。因此，一般能力越是发展，就越为特殊能力的发展创造有利条件；而特殊能力的发展也会促

进一般能力的发展。在人们的每项具体活动中，一般能力和特殊能力总是共同起作用，很难将它们截然分开。

2. 按能力的功能划分

（1）认知能力，是指人们在工作、生活、学习中对客观事物观察、分析、概括、理解和掌握的能力，如观察能力、分析能力、理解能力等。它是人们顺利完成某项活动最重要的心理条件。

（2）操作能力，是指操作、制作和运动的能力，如电器维修、计算机操作、汽车驾驶等方面的能力。它是人们从事日常工作和生活的重要条件。

（3）社交能力，是指人们在社会交往活动中表现出来的能力，如语言表达能力、组织管理能力、环境适应能力、公关能力等。它是人们在社会生活中不可缺少的重要能力。

3. 按能力的创造性程度划分

（1）模仿能力，又称再造能力，是指效仿他人的言行举止而引起与之相类似的行为活动的能力，也就是善于按照原有模式进行活动和解决问题的能力。

（2）创造能力，又称创新能力，是指人们产生新思想，发现和创造新事物的能力。它是人们超越原有模式进行思考和解决问题的能力。创造能力具有独特性、变通性、创新性等特点，是成功进行和完成某种创造性活动必须具备的条件。

模仿能力和创造能力有着密切的联系，模仿能力强的人善于分析和总结原有活动模式的特点和规律，并可在此基础上产生新的活动模式，从而提高创造能力。有创造能力的人善于打破常规、独辟蹊径，从而可促进模仿能力的进一步发展。因此，模仿能力是形成和发展创造能力的基础，创造能力是模仿能力积累和发展的结果。

案例 1　**让青春在技能中焕发绚丽光彩**

世界技能大赛是最高层级的世界性职业技能赛事，代表了职业技能发展的世界先进水平，是当今世界地位最高、规模最大、影响力最大的职业技能赛事，被誉为"世界技能奥林匹克"，是世界技能组织成员展示和交流职业技能的重要平台。

自 2010 年 10 月加入世界技能组织以来，我国先后参加了 2011 年、2013 年、2015 年、2017 年、2019 年共 5 届世界技能大赛。2015 年 8 月，在巴西圣保罗举行的第 43 届世界技能大赛上，中国代表队实现了金牌"零的突破"。随后的第 44 届、45 届大赛上，中国代表队不仅连续两次荣登金牌榜、奖牌榜和团体总分榜榜首，而且在第 45 届世界技能大赛上，59 名选手在 52 个项目中获奖，项目获奖比例达 92.9%，选手获奖比例达 93.7%。在水处理技术、建筑石雕、混凝土建筑这 3 个新兴项目上，首次参赛就获得金牌，网络安全项目首次参加即获得银牌。

"当我身披国旗站在领奖台上，看着现场热闹欢呼的人群，我百感交集：有苦尽甘来

的感触，有满腔想要诉说的感恩，有幸运生逢其时的感慨，更有来自日新月异、日渐强大的祖国的自豪。如今每当回想起当晚的情景，依然心潮澎湃。" 第45届世界技能大赛花艺项目金牌选手、来自上海的陆亦炜的发言，赢得了台下观众的阵阵掌声。

"宝剑锋从磨砺出"，每一名参赛选手都经历了层层选拔。陆亦炜参加的花艺项目从上海全市选拔，到全国选拔，再到进入国家集训队，经过全面准备、全面提升、集训冲刺的磨练，选手的综合能力得到了极大的提升。比赛中保持良好的精神状态，不被突发状况所影响，是取得好成绩的重要一环。

2019年9月，习近平总书记、李克强总理分别对我国技能选手在第45届世界技能大赛上取得佳绩做出重要指示、批示。这些都释放出党和国家高度重视技能人才工作的强烈信号。

【启示】 任何一种职业都需要具备相应的职业能力，它是顺利完成一项工作所必须具备的条件。

3.3.3　能力的个体差异

人的能力的差异是客观存在的，这是由于人们接受的先天因素和后天因素的影响不同而形成的。其中，最主要是环境、教育、社会实践活动的影响。能力的差异性反映了人的个性特征的多样性，这既有利于人类实践活动的多样化，也有利于发挥各种人才的作用，从而可以推动人类社会的进步和发展。人的能力差异主要表现为以下四个方面。

1. 能力发展水平的差异

能力发展水平的差异，是指不同的人在同种能力的发展水平上存在着高低的差异。如果在相同条件下，一个人从事某项活动的顺利程度和取得的成绩高于别人，那么在一定程度上表明这个人在这方面的能力比其他人强。例如，从小在一起练习打乒乓球，有的人成绩好，进了省队或国家队，而有的人虽刻苦训练仍成绩平平，这就是两人运动能力在发展水平上的差异。销售人员推销商品，有的销售业绩突出，有的销售业绩一般，这就是推销能力的差异。智商在人群中的分布表如表3-1所示。

表3-1　智商在人群中的分布表

IQ	名　称	百分比（%）
140以上	极优等	1.33
120~139	优异	11.30
110~119	中上	18.10
90~109	中等	46.50
80~90	中下	14.50
70~79	临界	5.60
70以下	智力落后	2.90

情绪智商（EQ）是相对智商而言的，指的是情绪智力的高低。情绪智力首先表现为对自己和他人情绪的识别、评价和表达，也就是对自己的情绪能够及时识别，知道自己情绪产生的原因，还能够通过言语和非言语（如面部表情或手势）的手段将自己的情绪准确表达出来。情绪上的自知之明是情绪智力的重要组成部分，只有清楚、准确地了解自己的

情绪，才能根据外部环境的要求，有效地调整自己的情绪状态。只有准确、及时地识别和评价自己情绪的人，才能准确、有效地对来自机体内部的情绪信息做出加工，更快地对情绪做出反应，更好地向他人表达自己的情绪，这些技能就是最基本的情绪智商。

2. 能力类型的差异

能力类型差异是指人的能力在类别、方向上存在着不同，从而形成差异。例如，有的人认知能力较强，操作能力较弱；有的人专业能力较强，而社交能力较弱；有的人擅长抽象思维，而有的人擅长形象思维。还有很多人各种能力比较均衡，属于混合型或中间型。

人的能力类型的差异虽然是客观存在的，但并不表明一种类型的能力比另一种类型的能力优越。在任何类型的基础上，能力都可以得到相应的发展。每个人都可以根据自身的特点和需要，发展与之相应的各种能力，以适应各种社会实践活动的需要。例如，有的人对技术应用方面有浓厚的兴趣，可以发展成为技术应用型人才；有的人对理论研究特别爱好，可以发展成为理论研究型人才。正因如此，我们的社会才会出现大量的思想家、政治家、社会活动家、科学家、音乐家、工程师等各类人才。

3. 能力表现早晚的差异

能力表现的早晚的差异，是指不同的人在同种能力的发展上，表现出时间迟早的差异。有"人才早熟"，如王勃10岁能赋诗；李白5岁通六甲，7岁观百家；音乐家莫扎特5岁开始作曲，8岁创作交响乐，11岁创作歌剧。这种情况古今中外都有，在音乐、绘画艺术领域尤为常见。有"大器晚成"，如达尔文年轻时被认为是智力低下，后来成为进化论的创始人。这种情况在科学和政治领域屡见不鲜。

能力表现早晚的差异原因是多方面的，除自身条件和教育外，与参与社会实践活动的早晚、多少都有很大关系。只要有坚定的毅力，在明确的人生目标的引导下，经过勤奋努力，差异是可以逐渐缩小的。

4. 能力的性别差异

美国心理学家桑代克曾做过实验，发现女性在语言表达、短时记忆方面优于男性；男性在综合分析，以及观察、推理和历史知识的掌握方面优于女性。

3.3.4 消费者能力与购买行为

消费者在购买商品的过程中，需要具备一定的能力，以保证购买行为的顺利进行。概括起来，消费者在一般的消费行为中，应该具备以下能力。

1. 感知辨别能力

感知辨别能力是消费者对商品外部特征和外部联系加以直接反映的能力。消费者感知辨别能力的差异主要表现在对消费刺激的反应速度、准确度和敏锐度方面。同样一件商品，有的消费者能够就其外观和内部结构迅速地感知，形成对商品的总体印象；而有的消费者对商品的反应就比较迟钝，不能迅速抓住商品的主要特征并形成对商品的准确认知。感知辨别能力强的消费者能够对商品的微小变化，以及同类商品之

间的细微差别迅速地加以清晰准确的辨认；感知辨别能力弱的消费者往往忽略或难以区分商品之间细小的变化。

2. 分析评价能力

分析评价能力是指消费者对接收到的各种商品信息进行加工整理、分析综合、比较评价，进而对商品的优劣、好坏做出准确判断的能力。而分析评价能力的强弱主要取决于消费者的思维能力和思维方式。有的消费者思维的独立性、灵活性和抽象概括能力很强，能够对接收到的各种商品的信息进行整理、加工，形成对商品的全面认识，并在此基础上通过对不同商品的比较，对商品的好坏做出准确的判断。有的消费者则缺乏综合分析能力，难以从众多信息中选取有用信息，并迅速做出清晰、准确的评价判断。消费者的分析评价能力与个人的知识经验有关。有专业知识和购买经验丰富的消费者可以正确评价商品的质量、性能。而普通消费者仅能根据产品的外观对商品做出浅显的评价与判断。

3. 选择决策能力

选择决策能力是消费者在充分选择和比较商品的基础上，及时果断地做出购买决策的能力。消费者的选择决策能力直接受个人性格和气质的影响。有的消费者在购买现场大胆果断，决断力强，决策过程迅速；有的消费者则优柔寡断，易受他人态度或意见的左右，动摇不定。消费者的选择决策能力还与其对商品的认识程度、使用经验和购买习惯有关。消费者对商品的特性越熟悉，使用经验越丰富，习惯性购买驱动越强，决策过程就越果断迅速，决策能力较强；反之，决策过程慢，决策能力相对较弱。

4. 记忆力与想象力

记忆力与想象力也是消费者必须具备和经常运用的基本能力。良好的记忆力可以让消费者把过去消费实践中感知过的商品、体验过的情感、积累的经验，在头脑中回忆和再现出来，并在此基础上做出比较和判断，从而做出最终的选择。丰富的想象力可以使消费者从商品本身想象到该商品在一定环境和条件下的使用效果，从而激发其美好的情感和购买欲望。例如，一些女性消费者在购买衣物时，会联想到她穿上这件衣服的效果，或者会联想到这件衣服与她的其他衣服搭配的效果，如果她感到满意，就可能购买。这种能力可以有效地提高消费者的购买效果。

另外，消费者能力的差异使消费者在购买和使用商品过程中表现出不同的行为特点和行为效果。

（1）成熟型。这类消费者通常具有较全面的能力结构（他们的感知能力、分析评价能力、选择决策能力都比较强）。由于他们具有丰富的商品知识和购买经验，加之有明确的购买目标和具体要求，所以在购买现场能够按照自己的意愿独立做出决策。

（2）一般型。这类消费者的能力结构处于中等水平。这类消费者在购买过程中，往往更乐于听从销售人员的介绍和厂商的现场宣传，经常主动向销售人员或其他消费者进行咨询，以求获得更全面的商品信息。这类消费者容易受外界的影响和左右。

（3）缺乏型。这类消费者的能力结构和水平均处于缺乏和低下状态。其购买行为具有很大

的随意性和盲目性，极易受环境影响和他人意见的左右（容易上当受骗）。这种状况通常存在于消费者对某类不熟悉的商品或新产品的消费中，以及少儿、老年人和残疾人消费者中。

对于不同能力类型的消费者，销售人员应该区别对待。对能力较强的消费者，销售人员应给他们充分的空间与自由，让他们自由挑选，过多的关照会令他们反感；对于能力水平一般的消费者，销售人员需要对其提供充分的产品及相关信息，根据消费者的具体需要，引导消费者进行比较和选择，并最终做出购买决定，对新面世的产品，销售人员应尽可能详尽地介绍商品信息，提高消费者的感知能力与分析评价能力；对于能力比较低的消费人群，销售人员应给予更多的支持和帮助，这里必须强调的是诚信与职业道德，从而帮助这类消费者做出正确的选择和购买决策。

如果想法改变，则态度就会改变；如果态度改变，则行为就会改变；如果行为改变，则习惯就会改变；如果习惯改变，则人格就会改变；如果人格改变，则命运就会改变；如果命运改变，则人生就会改变。只要决心成功，失败永远不会把我击垮。

——奥格·曼狄诺《世界上最伟大的推销员》

练习与实训三

一、选择题

1. （　　）是人的个性中最鲜明、最主要的心理特征。

A. 气质　　　　　　B. 性格　　　　　　C. 能力　　　　　　D. 兴趣

2. 对待（　　）类型的消费者不要过分热情，要把握分寸，否则会引起他们的反感。

A. 多血质　　　　　B. 胆汁质　　　　　C. 黏液质　　　　　D. 抑郁质

3. 人的个性心理特征中，（　　）受遗传因素影响最大。

A. 气质　　　　　　B. 性格　　　　　　C. 能力　　　　　　D. 态度

4. 同样是对人友善的性格，胆汁质类型的人表现为（　　）。

A. 热情豪爽　　　　B. 亲切关怀　　　　C. 诚恳　　　　　　D. 温柔

5. （　　）类型的人不爱与人交往，有孤独感，动作缓慢、单调、深沉。

A. 胆汁质　　　　　B. 多血质　　　　　C. 黏液质　　　　　D. 抑郁质

6. （　　）消费者，在购买过程中不易受外界影响和左右，具有较强的自我控制力。

A. 慎重型　　　　　B. 习惯型　　　　　C. 情绪型　　　　　D. 顺从型

7. 有的人聪明早慧，有的人大器晚成，这种能力差异为（　　）。

A. 发展水平的差异　　　　　　　　B. 类型的差异

C. 表现早晚的差异　　　　　　　　D. 个性不同

8. 在购买过程中不易受外界影响，具有较强的自制力的消费者属于（　　）。

A. 习惯型　　　　　B. 慎重型　　　　　C. 顺应型　　　　　D. 情绪型

9. 对购物环境适应能力强，在购物中观察敏锐、反应敏捷，易于与营业员沟通的消费者的气质类型属于_____。

A. 多血质　　　　B. 胆汁质　　　　C. 黏液型　　　　D. 抑郁型

10. 希波克里特认为，黄胆汁占优势的人属于（　　　）。

A. 黏液质　　　　B. 胆汁质　　　　C. 多血质　　　　D. 抑郁质

二、判断题（正确的打"√"，错误的打"×"）

1. 气质决定人的活动内容和方向，所以气质类型有好坏之分。　　　　　　　（　　）

2. 一个人对待客观事物和现实的态度能够反映他的性格特征。　　　　　　　（　　）

3. 性格主要是先天形成的，有较大的稳定性。　　　　　　　　　　　　　　（　　）

4. 有的人是"人才早熟"，有的人是"大器晚成"，这说明了能力发展水平有差异。

（　　）

5. 接待黏液质类型的消费者，销售人员要当好他们的参谋，取得他们的信任和好感。

（　　）

6. 消费者能力表现早晚的差异，主要与后天消费实践的多少及专门训练程度有关。

（　　）

7. 人的能力就是人所具有的知识。　　　　　　　　　　　　　　　　　　　（　　）

8. 创造能力是形成和发展再造能力的基础，而再造能力是创造能力的积累和发展的结果。

（　　）

9. 消费者的选择决策能力直接受个人性格和气质的影响。　　　　　　　　　（　　）

10. 性格反映了人的社会本质属性，是个性心理特征的核心。　　　　　　　（　　）

三、简答题

1. 简述不同气质类型的消费者的行为表现。

2. 简述对不同气质类型消费者的销售策略。

3. 简述不同性格类型的消费者的销售策略。

4. 简述能力的差异主要表现在哪几个方面。

5. 简述消费者购买行为中应具备哪几种能力。

四、实训题

1. 试分析以下四种情景中的消费者的个性特征。

小张的客服日记

情景一

王先生一大早气冲冲地来到世纪房产中介某连锁店，原因是王先生在接手刚刚买的二手房子时，发现原房东欠的物业管理费500多元尚未结清。一进门就急切地大声吵嚷着："我要立即见你们的总经理，再不给我一个确切的答复的话，两天后你们就可以接到我的律师信函。"

情景二

张：李姐，我是世纪房产中介的小张，我已经约好了卖方明天一起来我们公司签合

同，你明天来的时候记得带上身份证、户口本、收入证明。

李：哦，是世纪房产的小张啊！你好，你好！明天，哦！好的，好的，我知道了，我现在正在外面和朋友聊点事情，不好意思！明天见！

张：好的！明天上午9：30到公司，别忘了啊！

李：好，再见！明天见！

张：再见！

可是签合同那天，李女士10：00才匆忙赶到公司，只从钱包里找出了身份证，其他文件都忘带了……

情景三

今天第四次接待买方王先生，他再次来到店里，了解第一次看中的一套两居室的二手房，他提出要求，希望能再次带他到房子里看看。到达目的地后，他从自己包里拿出一打资料，开始仔细核对。对于我的介绍没有任何回应，表情冷静、沉稳，并不时地拿出手机开始计算。一个小时后，王先生告诉我，他要约在周五签订购房协议。

情景四

今天约好买卖双方到公司签约（我带买方宋先生和他的家人在这两个月内一共看了16套房产了，宋先生及家人终于看中了位于瑞景新村的一套两居室的房产，该房产前后也谈了两个多星期了，仅应缴税费清单就详细解释反复询问了三天）。宋先生准时到了公司，看上去精神不太好，显然是昨晚没有休息好，他对我说："我昨天考虑了一个晚上，前天也看了你们公司提供的买卖协议书和列出缴纳的税费清单，我想能不能你把协议书给我一份或复印一份给我，我回去再研究一下细节部分。"

2. 认识你自己。

心理学研究表明，每个人的气质类型各不相同，所以对于气质类型测试量表中60个题目的回答没有对错之分，只要把每个题目的意思弄明白，然后品味一下，并将你的真实思想情感与下面五种情形中的一种相对应就可以了。

完全一致（2分）；比较一致（1分）；不确定（0分）；不太一致（-1分）；很不一致（-2分）。

注意：做题时不要累计加分，每个题目单独记分。

气质类型测试量表

题号	内容	完全一致	比较一致	不确定	不太一致	很不一致
1	做事力求稳妥，不做无把握的事					
2	遇到使你生气的事就怒不可遏					
3	宁可一人干事，也不愿意和很多人在一起					
4	到一个新环境很快就能适应					
5	厌恶那些强烈的刺激，如尖叫、噪声、危险镜头等					

题号	内容	完全一致	比较一致	不确定	不太一致	很不一致
6	和人争吵时，总想先发制人，喜欢挑衅					
7	喜欢安静的环境					
8	善于和人交往					
9	羡慕那些善于克制自己感情的人					
10	生活有规律，很少违反作息制度					
11	在多数情况下情绪是乐观的					
12	碰到陌生人就觉得很拘束					
13	遇到令人气愤的事，能很好地自我克制					
14	做事总是有旺盛的精力					
15	遇到问题常常举棋不定，优柔寡断					
16	在人群中不觉得过分拘束					
17	情绪高昂时，觉得做什么都有趣，情绪低落时，又觉得干什么都没意思					
18	当注意力集中于一件事物时，其他的事物很难放到心上					
19	理解问题总比别人快					
20	碰到危险情况时，有极度恐怖感					
21	对工作学习、事业有很高的热情					
22	能够长时间做枯燥、单调的工作					
23	符合兴趣的事，干起来劲头十足，否则就不想干					
24	一点小事就能引起情绪波动					
25	讨厌那种需要耐心细致的工作					
26	与人交往不卑不亢					
27	喜欢热烈的活动					
28	喜欢看感情细腻描写人物内心活动的文学作品					
29	工作学习时间长了，常感到厌倦					
30	不喜欢长时间谈论一个问题，愿意实际动手干					
31	宁愿侃侃而谈，不愿窃窃私语					
32	别人说我总是闷闷不乐					
33	理解问题常比别人慢					
34	厌倦时只要短暂的休息就能精神抖擞，重新投入工作					
35	心里有话宁愿自己想，不愿说出来					
36	认准一个目标就希望尽快实现，不达目的，誓不罢休					
37	学习工作一段时间后，常比别人更困倦					

续表

题号	内容	完全一致	比较一致	不确定	不太一致	很不一致
38	做事有些鲁莽，常常不考虑后果					
39	老师讲授新知识时，总希望老师讲解得慢一些，多重复几遍					
40	能够很快地忘记那些不愉快的事情					
41	做作业或完成一项工作总比别人花的时间多					
42	既喜欢运动量大的剧烈体育活动，也喜欢参加多种文艺活动					
43	不能很快地把注意力从一件事情转移到另一件事情上去					
44	接受一个新任务后，就希望把它迅速解决					
45	认为墨守成规比冒险强些					
46	能够同时注意几件事物					
47	当我烦闷的时候，别人很难使我高兴起来					
48	爱看情节起伏跌宕、激动人心的小说					
49	对工作认真、严谨，持始终一贯的态度					
50	喜欢复习学过的知识，重复做已经掌握的工作					
51	和周围的人的关系总是相处得不好					
52	喜欢变化大，花样多的工作					
53	小的时候会背的诗歌，我似乎比别人记得更清楚					
54	别人说我"出语伤人"，自己却并不觉得这样					
55	在体育活动中，常因反应慢而落后					
56	反应敏捷，头脑机智					
57	喜欢有条理而不太麻烦的工作					
58	兴奋的事情常使我失眠					
59	我常常听不懂老师讲的新概念					
60	假如工作枯燥无味，我马上就会情绪低落					

气质类型量表评分标准

典型气质类型得分表	题 号	总 分
胆汁质	2、6、9、14、17、21、27、31、36、38、42、48、50、54、58	
多血质	4、8、11、16、19、23、25、29、34、40、44、46、52、56、60	
黏液质	1、7、10、13、18、22、26、30、33、39、43、45、49、55、57	
抑郁质	3、5、12、15、20、24、28、32、35、37、41、47、51、53、59	

气质类型的诊断如下。

多血质：多血质一栏超过 20 分，其他三栏得分均较低，为典型多血质。多血质一栏

得分在 10~20 分，其他三栏得分较低，为一般多血质。

胆汁质：胆汁质一栏得分最多，其他三栏相对较低。

黏液质：黏液质一栏得分最多，其他三栏相对较低。

抑郁质：抑郁质一栏得分相对较高，其他三栏相对较低。

混合气质：其中两栏得分显著超过另外两栏，而且分数比较接近。例如，胆黏、血胆、血黏、黏抑等，为两种气质的混合。

如有一栏得分较低，其他三栏得分相差不大，则为三种气质混合型。

多血质的人情感丰富，反应灵活，易接受新事物，但是情绪不稳定，精力易分散。

胆汁质的人直率热情，精力旺盛，反应迅速而有力，但是脾气急躁，易于冲动。

黏液质的人安静稳重，善于自制，但是对周围事物冷淡，反应迟缓。

抑郁质的人情感体验深刻而稳定，观察敏锐，办事认真细致，但是过于多愁善感，行为孤僻。

要了解自己的气质类型，可以通过日常生活中对自己的观察或他人的评价，还可参考一些气质类型量表的测量结果。不过，更重要的是要认识到：气质是没有好坏之分的；只有适合与不适合之别。一般地讲，各种气质类型都有其优点和缺点。

气质只是人的性格和能力发展的一个前提，各种气质类型的人都有可能在事业上取得成就。据分析，俄国四位著名文学家就是四种不同气质类型的代表：普希金属胆汁质；赫尔岑属多血质；克雷洛夫属黏液质；果戈理属抑郁质。气质本身是不能预测人的成就大小的。了解自己的气质的意义主要在于：尽量根据自身的特点选择最适合的发展方向和人生道路。

项目四 消费者需要与购买行为

知识要点

◎ 消费者需要的基本分类

◎ 消费者需要的特点、消费者购买动机的特点

◎ 马斯洛需要层次理论、消费者动机的激发与培养

◎ 消费者购买行为模式、消费者购买行为的过程

能力要点

◎ 能够在现实生活中运用马斯洛需要层次理论的基本内容

◎ 熟练掌握激发与培养动机的方法

◎ 熟练掌握消费者购买决策与购买行为的过程

引例4——"一桶江湖"的时代还能走多远

1958年8月25日，方便面诞生了。

伴随着制面机的轰鸣和炒锅的热气，出生于中国台湾嘉义的华裔日本人安藤百福（原名吴百福）在自家后院10平方米的简陋小屋中研制出世界上第一包方便面——"即食鸡汤拉面"。"注入开水，泡两分钟即可食用"，前所未有的便携性令消费者倍感新奇。

作为小麦生产大国，中国有着悠久的面食传统，方便面的起步也不算晚。1964年，北京食品总厂尝试纯手工操作，用鸭油生产油炸方便面。6年后，随着200万袋"鸡蛋方便面"在上海益民四厂的流水线上传递，中国方便面产业正式起步。

《辽沈晚报》曾刊登这样一则故事。当时，在东北当老师的王志斌被领导派到北京出差，送行时，亲朋好友纷纷委托他带一些方便面回来。后来王志斌还是托人找关系，买回10袋方便面。他说"当时心里那种喜悦就甭提了。"

方便面走入寻常百姓家是在20世纪90年代。1992年，从台湾回到大陆的魏应州已经经历了两次创业失败。他将最后一搏压在了天津，投资800万美元成立天津顶益国际食品有限公司，同年推出主打产品"康师傅红烧牛肉面"，不同于市面上的既有产品，康师傅方便面不仅附带纸质碗和塑料叉，还多配置了一包牛肉酱料。口味和品质的提升，加之大力的营销，使其在短期内一统中国泡面江湖。此后，康师傅成为方便面的代名词。

那一年，和康师傅一样从宝岛远道而来的方便面品牌还有"统一"。1992年1月，统一集团在大陆投资设立新疆统一企业食品有限公司。当时，"老坛酸菜牛肉面"这一人气产品还未出现，其主打产品不是"泡面"，而是贴合青少年口味的"干脆面"。"小浣熊""小当家"成为校园周边小卖部货架上的抢手货。

那一时期，除两大台商外，各地方自有品牌也竞相出现。华龙、白象、营多、美斯特、南街村、熊毅武……各地食品厂陆续引进、研发生产线，近千家方便面企业如雨后春笋般涌现。诞生了华龙的隆尧被称作方便面村；而作为小麦产量第一大省河南，顺势成为全国最大的方便面生产基地，方便面产量居全国第一，河南方便面品牌在全国方便面20强中独霸10席。有一种说法是："全国方便面中，每三包就有一包来自河南"。

数据显示，2011年之前，中国大陆方便面的销量连续十八年保持两位数增长。巅峰时期以462.2亿份的年销量傲视全球，这意味着中国人均一年吃34份方便面。但据世界方便面协会（WINA）最新统计数据显示：自2013年起，中国方便面年销量持续下跌，2017年389.7亿份的年销量相较五年前缩水72.5亿份。越来越多的方便面品牌从公众视野消失，幸存的地方企业打着情怀牌等待消费者摸索记忆寻来。

2015年，全球市场调研公司AC尼尔森的一项调查报告显示，70%以上的中国受访者表示愿意支付更高的价格购买那些被认为"健康"的食品，报告中"方便面销量下滑，酸奶上升"的比照预示着中国消费向健康转型升级。

更大的冲击来自外卖的兴起。方便面固有的快捷、低价等核心优势逐渐被外卖平台的

多选择和高补贴所取代。市场不断萎缩，各品牌将面临的难题不再是彼此间的激烈厮杀，而是遍布街头巷尾的外卖店，以及美团、饿了么这些互联网公司及其所代表的O2O模式。

曾几何时，方便面是国人长途旅行的标配。但随着火车不断提速，里程逐渐缩短，车厢里能嗅到的泡面味日益减少。2017年8月，高铁外卖订购服务开通，方便面最后一块领地遭遇争抢。泡面或许将和绿皮火车一起成为一种遥远的记忆。

消费者的购买行为是一个连续的过程。消费需要决定了消费行为，同时，消费者消费不仅要满足其物质欲望，还要满足其精神欲望。

任务一　认识消费者需要

4.1.1　消费者需要的基本特征

1. 消费者需要的含义

需要是个体由于缺乏某种生理或心理因素而产生内心紧张，从而形成与周围环境之间的某种不平衡状态。一种叫作"均衡论"的理论认为，在正常条件下，人的生理和心理处于平衡或均衡状态。一旦生理或心理的某个方面出现"缺乏"时，便会导致原有平衡状态被破坏，变为不平衡。这时，人的生理或心理便出现了一种不舒服的"紧张"感，只有减少或消除这种"紧张"感，人体才能恢复正常的均衡状态。例如，人体缺乏水分时，就会表现为口渴，补充水分后，口渴症状消失。依据这种理论，需要可以看作减少或消除"紧张"状态的心理反应。

消费者需要是消费者某种生理或心理体验的缺乏状态，直接表现为消费者对获取商品或服务的要求和欲望。这些需要成为人们从事消费活动的内在原因和根本动力。需要和需求是两个既有联系又有区别的概念。需要是心理学概念，是人们没有得到某些基本满足的心理状态。需求是营销学概念，是指人们有能力购买，并且愿意购买某种产品的欲望。因此，企业在营销活动中，既要考虑消费者的需要规律，更要了解消费者的购买能力。

2. 消费者需要的特征

（1）发展性。人的消费需要不会在一个水平上长期停止不变，当消费者对某种商品的需要得到满足后，又会产生新的需要。例如，在衣、食、住、行等需要上，消费者在追求产品实用性的同时，还会进一步追求其美观、时尚。

案例1 **受欢迎的无药处方**

某中医院除给每位就诊患者开出必要的药物处方外，还要开出一张"无药处方"，如给一位老年患者的"无药处方"上写着：多吃蔬菜、水果；食用低盐、低脂、低糖食品；按时服药、测量血压；多活动……。这种医疗服务深受患者欢迎。医生给病人开出药物处

方，通过药物治疗疾病，保证了患者的生命健康，这是人类最基本的需要。医生给病人同时开出"无药处方"，虽无药却有情，可以指导患者的生活起居，宣传科学知识，并给患者以精神安慰，满足了患者的心理需要。这种医疗服务不仅满足了患者的基本需要，更满足了患者的精神需要，所以受到欢迎。

【启示】消费者的需要是无限发展的。

（2）多样性。消费者需要受各种因素的影响，如年龄、性别、民族、职业、文化程度、收入水平、风俗习惯等因素。同时，多样性不仅体现在每个人的需要是多样的，还体现在同一种需要对于不同的人也是各不相同的。例如，我国人多地广，消费习惯多种多样。以吃来讲，处于牧区的蒙古族、维吾尔族、藏族等民族习惯食用奶制品，而地处平原地带的中原地区民族则喜欢以面食为主。再如，青年人喜欢电影、舞蹈这种现代化的艺术形式，而大多数老年人则偏爱地方戏。

（3）层次性。人们的需要是广泛的、多样的，但是多种多样的需要不可能同步产生并同时得到满足。由于受社会环境、货币支付能力等条件的影响，所以消费者需要也呈现出层次性，并从低层次向高层次逐步发展。

（4）伸缩性。不同的商品对消费者的重要程度不同，其需要就带有一定的伸缩性。有些商品可买可不买；有些商品可多买也可少买。例如，高考复习阶段的学生，为了能学好知识迎接高考，放弃了旅游、看电影、打球等需要而全力以赴备战高考。

（5）可诱导性。消费者的需要在很大程度上是受到外界因素的影响而产生的，具有较明显的可诱导性的特点。例如，一般人都喜食新鲜活鱼，讨厌冷冻鱼，而一些科普文章讲明道理，说明合理冷冻的鲜鱼其食用价值不低于未经冷冻的鲜鱼，因此打消了消费者的顾虑。

（6）周期性。消费者的需要从产生到满足，是一个不断反复的循环过程。例如，人们对衣、食等方面的需要，就是一个明显的周期变化。但这个过程并不是同一需要的简单重复，而是呈螺旋式上升与发展的。因此，我们不仅应该了解需要周期的静态结构，更应该认识需要周期的动态规律。

↘ 4.1.2　消费者需要的分类

1. 按照需要产生的原因不同,可分为生理性需要和社会性需要

生理性需要也叫自然需要，是消费者为了维持和发展个体生命而产生的对客观事物的需要和欲望。例如，对呼吸、饮食、睡眠、休息、运动、御寒、配偶等的需要。这种需要是人类所共有的。

社会性需要是消费者为了参加社会活动，进行社会交往而产生的对客观事物的需要和欲望。例如，对劳动、友谊、爱情、归属、社会地位、成就、威望等的需要。

2. 按照需要的实质内容不同,可分为物质需要和精神需要

物质需要是指消费者在物质生活和社会交往中对社会物质产品的需要和欲望。例如，

对食品、饮料、服装、住房，以及礼品、首饰、家用电器、高档家具的需要。

精神需要是指消费者对精神生活和精神产品的需要和欲望。例如，对科学、技术、文化、教育、艺术、知识、道德、审美、健身等的需要，还包括对人们之间的相互理解、沟通、友情、关心和情感交流的需要等。

3. 按照需要的层次不同,可分为生存需要、享受需要和发展需要

生存需要是指消费者为了维持生存而产生的对基本生活物品的欲望和要求。例如，对粮食、空气、水、衣服、房屋等的需要。这是人类最基本的需要。如果人们的这些基本需要得不到起码的满足，就会造成严重的社会问题。

享受需要是消费者为增添生活情趣，实现感官和精神愉悦而产生的欲望和要求。例如，对文化娱乐、体育健身、旅游、社交活动等的需要。随着社会进步和生产力的发展，享受需要会变得越来越重要。

发展需要是指消费者为发展智力和体力，提高个人才能，实现人生价值而对所需消费品的欲望和要求。例如，对教育、书籍、计算机、滋补品等的需要。随着现代科学技术的发展，消费者的发展需要将显得更加突出和重要。

4. 按照需要满足的对象不同,可分为社会公共需要和个人需要

社会公共需要是指满足社会公共或社会集团要求的需要。个人需要是指满足消费者个人要求的需要。

5. 按照需要的实现程度不同,可分为现实需要和潜在需要

现实需要，也叫显现需要，是指消费者具有明确的消费意识和足够的消费能力，已经或即将实现的消费要求和欲望。潜在需要是指消费者的消费意识和消费能力目前尚未完全具备，但已列入消费计划的要求和欲望。现实需要与潜在需要因人而异，因具体的消费品而异。例如，购买计算机一类的高科技产品，对有的消费者是现实消费需要，而对有的消费者还是一种潜在需要。

➷ 4.1.3　马斯洛需要层次理论

消费者的需要并不是单一的，美国社会心理学家亚伯拉罕·马斯洛（1908—1970）提出了需要层次理论。

1. 人类需要的基本内容

马斯洛将人类的需要分为生理需要、安全需要、社交需要、尊重需要及自我实现（创造自由）需要五个层次，如图4-1所示。

（1）生理需要。这是人类维持自身生存的最基本要求，包括衣、食、住、行、性的方面的要求。生理需要是人类最基本的需要。

（2）安全需要。这是人类要求保障自身安全、摆脱事

图4-1　马斯洛需要层次理论

业和丧失财产威胁、避免职业病的侵袭、接触严酷的监督等方面的需要，如烟火报警器、预防性药物、保险、社会保障、养老投资、汽车安全带、防盗报警器、保险箱等产品的需要。

（3）社交需要。这一层次的需要包括两个方面的内容，一是友爱的需要，即人人都需要伙伴之间、同事之间关系融洽或保持友谊和忠诚；人人都希望得到爱情，希望爱别人，也渴望接受别人的爱。二是归属的需要，即人人都有一种归属于一个群体的需要，希望成为群体中的一员，如亲情、归属感等。

（4）尊重需要。每个人都希望自己有稳定的社会地位，希望自己的能力和成就得到社会的承认。

（5）自我实现需要，又叫创造自由需要。这是人对其终身最大限度地发挥个人自我潜能，并达到预期目标的需要，是人的需要的顶峰，也是以上四个层次需要发展升华的结果。虽然这种需要不是所有人都能获得满足的，是有条件的，但它对推动社会发展有着极大的价值。

2. 需要是按层次有序排列的

前两种需要是低层次的基本需要，中间两种需要是在基本需要满足基础上的精神需要，最后一种需要是高层次的发展需要。人的需要是一个由低级向高级发展的过程，只有当低层次需要得到基本满足后，人们才会产生并开始追求新的更高一层次的需要。

3. 各类需要有机相关、联动作用

需要层次呈阶梯形发展，并不是说不同层次的需要不能在同一时间发挥作用。例如，对瓶装水的消费就可能同时满足生理和安全的需要。对于不同的人，需要层次的阶段形成发展也是不同的，有时会出现颠倒现象。

马斯洛的需要层次理论在一定程度上反映了人类行为和心理活动的共同规律。他指出人的需要是由低级向高级不断发展的，这一趋势基本上符合需要发展规律。

案例 2　**以"奋斗者至上"的华为**

美国《财富》杂志是世界公认的权威媒体机构，它每年发布的世界 500 强排名榜单成为商业界一个颇具谈资的话题。人们往往可以从榜单中查看当下这个时代，哪些行业具有较好的发展前景，哪些公司占据霸主地位。在 2017 年的榜单中，华为公司（以下称华为）作为中国民营企业的代表，再一次吸引了众人的目光。此次华为以 785.108 亿美元营业收入首次进入前百强，排名第 83 位，较上一年的第 129 位提升 46 位。

华为是中国广东省深圳市的生产销售电信设备的员工持股的民营科技公司，于 1988 年成立于中国深圳。经历了三十年的发展，华为从初始创建 6 人团队，发展到今天拥有 17 万名员工、遍布 150 多个国家的一个名副其实的全球化企业，人员数量增加了近 25 000 倍，利润在近三十年间增长了近两千万倍，创造了一个企业发展的奇迹。

2017 年 12 月 18 日，华为内部的心声社区有荣耀员工发帖称，荣耀四季度就要发年终奖，以后每个季度都有奖金，年终奖变成季度奖，奖金不分职级，不看资历，只看贡献，一个普通的员工如果能够超额达成目标，那么贡献度越高，奖金越多，上不封顶，及时兑现。2017 年的年终奖提前发放，也是因为当年荣耀手机在"双十一"期间成为天猫、京东双平台中国手机品牌销售冠军，以及京东单日销量、销售额双料冠军。激励机制公开透明，奖金及时兑现。在这样的团队，员工永远不用担心干了活拿不到钱，更不用担心老板会拖欠奖金，他们仅需心无旁骛地奋斗、冲锋。

华为的员工队伍是由大学本科以上的十几万高级知识分子组成的，技术研发人员比例近一半，科学家达到 1 400 多名。面对这样一个庞大的人才队伍，人才的管理和激励在某种程度上决定了企业的命运。华为提出的"以奋斗者为本"的企业文化为华为的人才管理提供了核心理念。

在谈到华为的人才激励机制时，总裁任正非说："我们是摸着石头过河，没有理论基础。我们的激励机制主要有两个方面：一是不让雷锋、焦裕禄吃亏，不让焦裕禄累出肝病，不让雷锋穿破袜子；二是集体奋斗。"

【启示】华为的激励机制不仅最大限度地满足了员工的物质需要，也为员工的职业生涯的发展拓宽了道路，使员工在集体奋斗中获得了认同和尊重，并实现了自我价值。

↘ 4.1.4　消费者需要的发掘和引导

消费者不仅有现实需要，更有许多潜在需要。作为经营者，更大的任务是发掘消费者的潜在需要，从而将它们转变为现实需要。消费者需要的发掘与引导方法有以下几种。

1. 外化

具有营销意义的需要，都有隐秘性，将其显示出来的工作称为需要的外化。

需要外化的基本任务有三项：一是探测，采用调查、分析、预测等手段收集反映需要的信息；二是显影，将模糊的需要描述清楚；三是定型，将已具体化的需要，按一定的需要特征和技术口径归纳并总结出具体的需要类型。

2. 物化

在需要的物化阶段只有一些关于产品的设想，还无法提供具体的产品。研究发现，

95%以上的需要其萌芽初始状态都是非物质化的。例如，人们都有从繁重的家务劳动中解脱出来的需要，但以前却没有洗碗机、洗衣机这些具体的产品。需要物化是生产经营者的基本职责。

3. 优化

消费需要受多种因素的影响，其趋向、结构不尽一致。消费者不是生产经营者，不可能从专业角度对自己的需要进行整合。作为生产经营者，面对千差万别、众说纷纭的需要，整合出具有市场意义的需要，就是优化发掘消费需要的职能。

优化的原则一般有三项：一是代表性，即优化后的需要能够反映多数消费者的需要特征；二是整体性，即优化后的需要不应是零散杂乱的，而是在一定的凝聚点上，整合成一个相对独立的整体；三是效益性，即优化整合后的需要，能够成为有足够需要量的目标市场，对企业来说能够获得正常的投资回报。

4. 信息化

企业在发掘出成型的消费需要，并将其物化为具体的产品或劳务后，应该将其加工成易被消费者认知的信息，并通过恰当的载体和方式，反馈给相应的消费群体，并力争得到他们的认同，起到引导消费需要的作用。

案例3　信息深入人心，产品站稳脚跟

广东格兰仕公司在数年前就已经开发生产出了可与世界名牌产品媲美，而价格仅为那些产品一半的微波炉，但他们没有急于抢占市场，而是首先投入了巨大的人力、财力，并运用媒体的力量在全国范围内对微波炉的使用特性、产品优势及维护、保养知识进行细致而系统的介绍，并编制了500多例微波炉菜谱，仔细介绍微波炉的烹调技法，还派出专业人员到各地市场做现场演示，甚至还通过听众热线、咨询电话等形式与消费者进行深层次的沟通，使微波炉这一新产品很快为人们所熟悉和接受。就这样，格兰仕微波炉不仅在国内市场的占有率稳步上升，还远销50多个国家和地区。

【启示】格兰仕公司的成功，充分说明了产品或劳务形成后，只有被消费者认知，并力争得到消费者的认同，才能更好地打开市场。

任务二　消费者购买动机分析

人的需要是多种多样的，但是由于客观条件的限制，人们的各种需要不可能同时获得满足。在现实生活中，每个消费者的购买行为都是由其购买动机引发的，而动机又是由其自身需要而产生的。例如，人饿了就会想吃饭，渴了就想要喝水，冷了就想要添衣。这就是人的需要产生动机，并由动机引起行为的表现。

消费心理学认为：个体在一定的环境刺激下产生需要，由需要产生购买动机，再由购买动机激发人的购买行为。消费者购买行为的基本模式为：需要——→动机——→行为。

4.2.1 动机的含义

1. 购买动机的含义

购买动机是指刺激和促发行为反应，并为这种反应指明具体方向的心理动力。简而言之，动机就是行为的原因，是推动购买行为的内在动力。

2. 消费者购买动机的形成

消费者购买动机主要是在内在需要和外部刺激两类因素的共同作用下形成的。

需要是消费者产生购买行为的原动力。没有需要，动机是不可能产生的。动机的产生除依赖需要这一内在因素外，还要有一定的外部刺激。外部刺激是多种多样的，既可能是广告，也可能是产品的形与色或销售人员的劝说。例如，消费者想去看望病人，产生了内在需要，他可能想起"看病人，选初元"的广告，所以买了初元。这样，需要与诱因相结合，就规定了动机作用的方向。

4.2.2 消费者购买动机的特征

1. 复杂性

形成消费者购买动机的因素不仅种类繁多，而且相互交叉，导致了购买动机的复杂性。购买动机虽然是引起消费行为的动力，但动机在引发行为时可能有多种情况。

2. 转化性

在复杂的动机结构中，任何一种动机元素及它们之间的排列组合都将随着环境的变化而变化。一般而言，一个购买行为往往为多种动机所驱使，其中的主导动机起主要作用。但是，如果在决策时或选购过程中出现新的刺激，如商品的质量不过关等，则购买的主导动机就会被压抑，主辅动机就会相互转化。例如，当消费者来到商店买电视机时，看到商店新来了一批紧俏商品——名牌全自动洗衣机，于是便放弃买电视机的打算，而去购买洗衣机。动机的这个特点带给了销售人员很大的努力空间，销售人员完全可以利用营销策略实现对销售动机的引导。

3. 公开与内隐的并存性

在复杂的购买动机结构中，一部分动机是显性的，即消费者意识到并且承认的动机；而另一部分动机则可能是隐性的，即消费者未意识到或不愿承认的动机。例如，有人买了一幅挂毯，其主导动机是为了赶时髦，但当别人问起购买目的时，却回答说是出于嗜好或兴趣。

4. 冲突性

当消费者同时具有两种以上的动机且它们共同发生作用时，动机之间就会发生矛盾和冲突。例如，当消费者挑选商品时，面对着两种自己同时所喜爱的产品，选其中的一个又舍不得另一个，难以取舍时，他往往要对两种商品反复比较。当相悖的动机使消费者左右

为难时，销售人员应善于发现其主导动机趋向，采用恰当的方式化解矛盾，协助消费者做出购买决策。

案例 4　"低头族"中的未成年人

当越来越多的未成年人手拿智能手机，成天上网、玩游戏、聊天，像大人一般也患上"低头族"综合征的时候，家长该做何感想呢？家长最初的目的就是给孩子一个通信工具，以备联系使用，同时出于对孩子的疼爱，往往会给孩子买智能手机。对于家长来说，一方面是了解孩子的去处，及时联系孩子的需要；另一方面是手机在手，孩子无法安心学习的担忧。两难的选择是家长面临的最棘手的问题。

【启示】家长给未成年人买手机充分体现了消费者购买动机的冲突性。

5. 指向性

购买动机的最终作用，就是为购买行为进行指引、规定一个方向，并引导消费者沿着这个方向完成其购买过程。

4.2.3　消费者购买动机的类型

购买动机是在内在需要的推动和外部刺激的诱导下形成的，任何因素的碰撞都能形成一种动机，由于形成因素的复杂性，要对消费者购买动机进行具体而穷尽的分类是不可能的，所以仅能从特定的视角进行分析。一般习惯从动机驱动力类型的角度对消费者购买动机进行分类。

1. 生理性购买动机

生理性购买动机是指源于人们维持与延续生命的生理性需要的购买动机，一般具有原发性和同质性的特征。所谓原发性是指源于人们生命本体的自发冲动，一般不受心理及其外部条件的调控。例如，由于饥饿而产生的购买动机，一般不受其他因素的制约。所谓同质性是指这类购买动机在消费者中没有质的差异，如饥、渴、寒、暖等。

2. 心理性购买动机

心理性购买动机是由人们的心理活动所引发的。它一般具有差异性、社会性及复杂性的特点。差异性是指由于消费者个性倾向性及其个体心理特性的差异，每个消费者都有明显的购买动机个性特征，很难找到心理性购买动机完全一致的消费者。社会性是指消费者

的个性心理活动无不被打上社会的烙印，反映出个体所在的社会文化环境特征。复杂性是指心理性购买动机受到个性心理和社会心理的多重因素的影响，因而结构复杂，动态多变。

4.2.4 消费者购买动机的激发和培养

消费者购买动机虽是蕴藏于消费者心理活动中的一种驱动力，但不等于生产经营者们对其无所作为。因为，动机除受需要制约外，还受诱因的影响。对消费者购买动机，可以从以下几方面进行激发和培养。

1. 教育

需要是可以诱导的。外部的诱因，尤其是企业的营销目标和策略具有可控性，因此，可以通过教育来激发和培养消费者购买动机。

教育的手段多种多样。目前，经营者习惯采用广告、销售人员解说、产品说明书等传统方式对消费者进行教育，实质上是一种"以我为主"的说教。企业还可以采用其他的方式，如"用户访问计划""用户培训计划""消费讲座""商品展、演示会""宣传报道计划""消费者学校""假冒伪劣产品识别会"等。企业完全可以根据自身的具体情况自行设计。重要的是，要将消费者教育纳入企业的整体营销组合之中，统一规划、统一协调，形成合力，更好地为企业营销服务。当教育意识在生产经营者心目中具有相应的地位后，教育手段绝不是一道难题。

2. 刺激

诱因在动机形成中的作用是不均衡的。究竟哪些诱因能够在消费者购买动机形成过程中起关键作用，取决于它们对消费者产生影响的方式和程度，我们称其为刺激度。在市场竞争中，如何正确地增强刺激度至关重要。增强刺激度应考虑刺激点、刺激方式和刺激频率。运用刺激的基本原则之一是刺激点要准确，即能够与消费者的价值准则与审美情趣相一致。例如，在"白加黑"问世之前，"康泰克"已经凭借强大的广告攻势，赢得了感冒药市场的一席之地。盖天力公司经过市场分析，使得"白加黑"向消费者明确传达了这样的概念——白天服用白片，不瞌睡；晚上服用黑片，可以休息得更好。在这个传播过度、压力过大的社会，"白加黑"准确地找到了刺激点。

确定刺激方式的原则是恰当，即刺激能够与消费者的感知方式相协调。在众多的刺激方式中，情景设置较为有效，它能够调动人们所有的感官。如果情景设置恰当，则可对消费者购买动机起到良好的激发作用。目前，广告中的口号、到处散发的宣传品、高音喇叭的叫卖等手段所能触发消费者购买动机的作用日趋下降，这就是刺激方式陈旧、不当的问题。

刺激频率是指在一定时期内刺激发生的次数。确定刺激频率的原则是适度。适度应考虑三个方面的问题：一是感知规律，心理学研究成果表明，事物的状态一般要出现三次以上，才能对人的认知产生影响；二是遗忘规律，人们遗忘的速度是先快后慢，刺激频率应

与此相一致；三是密度，密度过疏不能形成有效的刺激，密度过密则易引起反感，所以企业应注意确定恰当的密度。

3. 沟通

企业营销中，任何策略的作用方向都是单向的。单向激发中，消费者一般处于被动地位。现代心理学认为，沟通能够起到"心理同步"的效用，它能够调节供需双方的心理和行为，更能有效地激发和培养消费者购买动机。

沟通的基本工作有三项：一是征询，通过询问使消费者变被动为主动，感情上靠近，内容上一致，心理上同步；二是指导，在询问过程中，直接发现双方的差异，通过相互指导调整双方的差异，化解矛盾；三是反馈，通过消费者对产品满意度的评价，发现差距，及时调整。

从消费者购买动机的分析中我们可以发现，动机实际上是被激活的需要，而需要才是消费者购买行为最深层的动因。

任务三　消费者购买决策与购买行为分析

↳ 4.3.1　消费者购买决策的内容

消费者购买决策是指消费者谨慎地评价某一产品、品牌或服务的属性，并选择、购买能满足某一特定需要的产品的过程。

广义的消费者购买决策是指消费者为了满足某种需要，在一定的购买动机的支配下，在可供选择的两个或两个以上的购买方案中，经过分析、评价、选择，实施最佳的购买方案，以及购后评价的活动过程。它是一个系统的决策活动过程。

消费者在决策过程中所要解决的问题主要是，在最便利的条件下选购质量好、价格合理、符合个人需要的产品。因此，消费者的购买决策内容主要有以下六个方面，可以简单地概括为"5W1H"。

（1）购买什么（what）。这是购买决策最基本的任务之一。如果消费者连购买什么都不能决定，那么他就不会产生任何购买活动。对于消费者来说，决定买什么不能只停留在一般产品类别上，必须要有明确、具体的指向对象。例如，口渴，不能只决定买水，还要具体到买什么水（如纯净水），什么品牌（如"娃哈哈"），哪个厂家生产的（如杭州娃哈哈集团有限公司生产的）。

（2）为何购买（why）。消费者为何购买，这主要是由消费者的购买动机引起的。消费者的购买动机主要有生理性购买动机和心理性购买动机。消费者正是在这两种动机的支配下产生了购买商品的行为。

（3）何时购买（when）。对于不同的商品，消费者进行购买的时间常常是不同的。有的商品要一天购买多次，有的一年才购买一次，有的甚至几年才购买一次。因此，企业在市场营销活动中应注意了解消费者购买商品的时间、习惯和规律，以便适时满足消费需要。例如，季节性的购买，企业应掌握哪些月份、哪些日子、哪段时间购买的人数最多，并随时准备充足的商品货源供消费者选购。

（4）何处购买（where）。分析消费者在何处购买要从两个方面入手，即消费者在何处决定购买，以及在何处实际购买。这往往与所购商品的类型、数量的多少、价格的高低、商店的远近、商家的服务态度等有关。对于高档耐用品，消费者在购买前通常在家中做出决定，然后宁愿多花时间走远点，到繁华商业区或专卖店选购称心如意的产品；对于日用消费品和一般食品，消费者大多是在现场做出购买决定，或者就近进行购买。

（5）如何购买（how）。如何购买主要是指消费者购买商品时的货币支付方式和获得产品所有权的方式及途径，如现金支付、分期付款、邮购、网购、托人代购等。消费者如何购买，不仅会影响市场营销活动的状态，而且还会影响产品设计、价格政策，以及营销计划和其他经营决策的制定。因此，企业要对此认真加以研究。

（6）谁来购买（who）。家庭是社会的细胞，家庭成员在购买决策中通常扮演着不同角色，这些角色包括发起者、影响者、决策者、购买者、使用者。对承担购买任务的购买者进行分析，有利于企业有针对性地制定营销策略。

4.3.2 消费者购买行为的含义与特征

消费者购买行为是指人们为实现其消费目的而进行的购买活动。它有以下两个特点。

（1）主体性。消费者购买行为是指以具有购买欲望的个体或团体为主体所进行的活动。脱离消费主体，消费行为就无法正常进行。

（2）目的性。消费主体确定后，其就会对购买什么品牌的商品、喜欢什么颜色、在什么地方购买等要素进行确定。例如，一些家庭耐用品或高价值产品，消费者一般有目的地去某个专业商场选购。

4.3.3 消费者购买行为类型

消费者购买行为方式千差万别。企业虽不可能逐一迎合每个消费个体的行为特征，却可以按照购买行为主体、购买行为方式对其购买行为进行分类分析，把握这些群体的基本特征。

1. 按照购买行为主体划分

购买行为的主体对购买行为产生较大影响，并将影响购买行为目标、行为方式及评价标准。

（1）个体性购买行为。个体性购买行为是指购买行为主体为个体的购买行为。它不仅是指以个体形式实施购买，而且也是指以纯粹个体方式完成购买的全过程。

（2）群体性购买行为。群体性购买行为是指以集体形式完成购买全过程的购买行为，消费主体既可以是家庭、朋友、夫妻，也可以是政府，企事业单位。

2. 根据消费者购买态度与行为方式划分

（1）习惯型。习惯型是指消费者由于对某种商品或某家商店的信赖、偏爱而产生的经常、反复的购买。由于经常购买和使用，所以他们对这些商品十分熟悉，体验较深，再次购买时往往不再花费时间进行比较选择。习惯型购买的购买行为果断利索，购买过程短暂。

（2）理智型。理智型是指消费者在每次购买前对所购的商品要进行较为仔细的研究和比较，购买感情色彩较少，头脑冷静，行为慎重，主观性较强，不轻易相信广告、宣传、承诺、促销方式及销售人员的介绍，主要依靠商品质量决定购买。

（3）经济型。经济型是指消费者购买时特别重视价格，对于价格的反应特别灵敏，无论是选择高档商品，还是中低档商品，首选因素是价格。他们对"大甩卖""清仓""血本销售"等低价促销最感兴趣。一般来说，这类消费者的购买行为与自身的经济状况有关。

（4）冲动型。冲动型是指消费者容易受商品外观、包装、商标或其他促销的刺激而产生购买行为。他们一般都是以直观感觉为主，从个人的兴趣或情绪出发，喜欢新奇、新颖、时尚的产品，购买时不愿进行反复选择和比较。

（5）疑虑型。疑虑型是指消费者具有内倾性的心理特征，购买时小心谨慎、疑虑重重，购买过程缓慢、耗时长，常常犹豫不决而中断购买，购买后还会疑心是否上当受骗。

（6）情感型。情感型是指消费者的购买多属情感反应，往往以丰富的联想力衡量商品的意义。购买时注意力容易转移，兴趣容易变换，对商品的外表、造型、颜色和命名都较重视，以是否符合自己的想象作为购买的主要依据。

（7）不定型。不定型是指消费者的购买多属尝试性，其心理尺度尚未稳定，购买时没有固定的偏爱，并在上述几种类型之间游移，这种类型的购买者多数是独立生活不久的青年人。

↘ 4.3.4　消费者购买行为过程

消费者购买行为是一个连续的活动过程，他们购买一种商品的行为并不是突然发生的，在购买行为发生之前，会有思维活动或行为来保证所购买的商品使自己满意。即使一个消费者已经把商品买到家，他还会进一步研究所买的商品，查看性能如何、味道如何等。消费者从不了解某种商品到经常购买某种商品，要经过哪些步骤？在这些步骤中，企业要做好哪些工作？要掌握这些信息，企业就需要研究消费者的购买行为过程。

1. 唤起需要

消费者首先只有在认识到自己需要某种商品的功能后，才会去选择和购买。因此，认识需要是消费者购买过程中的第一个阶段。在这个阶段里，消费者认识到自己的现实状态与理想状态的差距，并力图消除这个差距。许多因素都可以使消费者认识到自己的需要。例如，当消费者看到冰箱空了，就会去买蔬菜、水果、饮料等来补充它，甚至空了的酱油瓶和醋瓶也会引起消费者认识到需要一瓶新的酱油和一瓶新的醋。正是因为许多因素都可以激发消费者的认识需要，所以企业才可以通过广告来激发消费者对新产品的需要，从而使他们放弃那些老的产品或是在市场上已经没有竞争力的产品。

2. 信息收集

消费者认识到自己的需要以后，便会自动地进入购买决策过程中的另一个阶段——信息收集。对于反复购买的商品，所需信息已被消费者通过过去的搜索而掌握。对于一个从未接触过的商品来说，价格越高，消费者越重视信息收集。信息的来源渠道多种多样，常见的有以下几种。

（1）个人来源。亲戚和朋友是消费者典型的外部信息来源。在与亲朋好友的聊天中，消费者会获得关于商品的知识和信息，并且有相当一部分的消费者喜欢接受别人的建议及购物指南。这类信息来源对消费者的购买决策影响最为有效。

（2）公共来源。公共来源的范围较广，既可以是政府或其他组织的评奖，也可以是报纸或杂志中关于产品的评论与介绍，还可以是广播、电视台组织的有关商品的节目。这类信息来源一般是可信的。

（3）商业来源。商业来源包括企业产品宣传广告、推销员的介绍、商店的陈列或产品包装上的说明等。这类信息来源数量最大，被消费者认为其可信度最低。

（4）经验来源。这是通过消费者自身学习、操作、试验或试用获得的信息。

3. 选择评估

消费者收集信息后，要对这些信息进行分析，并做出决策，这就是选择评估。对企业来说，使某种商品具有独一无二的特色并不是工作的全部，重要的是这个特色必须与消费者眼里的决定性因素结合起来，这样才能吸引消费者并满足消费者的迫切需要。因此，企业在宣传中要注意突出产品的优点，尽量让消费者多了解自己产品的优点，方便消费者做出判断和选择。例如，强调洗涤剂的去污能力、抗过敏药的无嗜睡性等。

4. 实施购买

在这个阶段，企业应该注意，虽然前期的工作成功了，但也一定要做到热情接待、周到服务，让消费者在温馨的交易情景下接受商品。在实施购买的过程中，消费者依然可能做出终止购买的决策。因此，企业必须按照消费者接受的最佳状态、最佳时机来考虑服务方式。

5. 购后评价

将商品买回家以后，消费者的购买决策过程还没有终止，因为在最初使用商品的过程

中，消费者会以购前的期望为标准来检查与衡量自己买回来的商品。因此，实施购买的完成并不是企业营销行为的结束，作为企业，还要关心、了解消费者购买后的感受，这是购买过程的最后一个步骤，也是连接每次购买行为的关键点。

根据以上分析可见，消费者行为的实现过程既是在消费者主导下完成的，也与企业的"全程陪同"息息相关，企业应在每个过程中实现"真心关照""贴心呵护"，这样才能促进消费者购买行为的实现。

> 满足消费者的"急迫需要"是快速赚取利润的最佳途径；满足消费者的"必然需要"是长久获利的最佳选择；激活消费者的"潜在需要"是获得市场先机的有效手段。
>
> ——联纵智达咨询集团董事长、首席营销顾问　何慕

练习与实训四

一、选择题

1. 马斯洛的需要层次理论认为，结识朋友属于（　　　）。

A. 社交需要　　　　B. 生理需要　　　　C. 尊重需要　　　　D. 发展需要

2. 沟通的基本工作不包括（　　　）。

A. 征询　　　　B. 指导　　　　C. 感知　　　　D. 反馈

3. 消费者购买行为的一般过程不包括（　　　）。

A. 选择评估　　　　B. 信息收集　　　　C. 购买决定　　　　D. 满足需要

4. 对消费者需要的发掘和引导以下不对的是（　　　）。

A. 物化　　　　B. 优化　　　　C. 外化　　　　D. 内化

5. （　　　）是人们从事消费活动的内在原因和根本动力。

A. 需要　　　　B. 动机　　　　C. 决策　　　　D. 欲望

6. 下列不属于生理需要的是（　　　）。

A. 呼吸　　　　B. 劳动　　　　C. 睡眠　　　　D. 饮食

7. 形成消费者购买动机的因素不仅种类繁多，而且相互交叉，体现了购买动机的（　　　）。

A. 复杂性　　　　B. 转化性　　　　C. 内隐性　　　　D. 指向性

8. 在马斯洛需要层次理论中，最高层次的需要叫作（　　　）。

A. 生理需要　　　　B. 安全需要　　　　C. 尊重需要　　　　D. 自我实现需要

9. 对消费者购买决策影响最有效的外部信息是（　　　）。

A. 个人来源　　　　B. 商业来源　　　　C. 公共来源　　　　D. 广告

10. 消费者行为产生的最初原因是受（　　　）的影响。

A. 动机　　　　B. 需要　　　　C. 刺激　　　　D. 诱因

二、判断题（正确的打"√"，错误的打"×"）

1. 消费者的购买行为是一次性的，是瞬间的。 （　）
2. 需要的周期性呈螺旋式的上升和发展。 （　）
3. 一些习惯性消费品的购买行为环节可能不经历信息采集和比较分析。 （　）
4. 马斯洛认为对于不同的人，需要层次的阶梯形成发展是相同的。 （　）
5. 购买后评价是连接每次购买行为的关键点。 （　）
6. 需要是动机产生的外因，刺激是动机产生的内因。 （　）
7. 实现自己理想的人生目标是属于马斯洛需要层次中的自我实现的需要。 （　）
8. 绝大多数的消费需要其萌芽状态都是非物质化的。 （　）
9. 外部信息的公众来源是最可靠的信息。 （　）
10. 购买什么（what）是购买决策最基本的任务之一。 （　）

三、简答题

1. 从企业的角度分析，如何利用消费者需要的基本特征开展产品营销？
2. 马斯洛需要层次理论的基本内容有哪些？
3. 如何激发与培养消费者的购买动机？
4. 简述消费者购买行为的过程。
5. 简述消费者购买决策的内容。

四、实训题

1. 自安踏成立那天起，安踏的决策层便把眼光投向了亿万的工薪阶层，避开以昂贵的价格、新颖的款式吸引国内高端消费者的耐克、阿迪达斯等世界品牌。于是，款式多样、物美价廉的安踏运动休闲产品顺利成为一般消费者的首选。但如何让一个不为人知的产品被广大消费者知道是首要问题。

1999年，年利润还不到1千万元的安踏，经过周密的策划，认准了奥运战略的巨大影响力，在成为中国体育代表团的礼品鞋后，又以每年80万元聘请著名乒乓球国手孔令辉作为自己品牌的形象代言人，并在2000年悉尼奥运会期间，投入1千万元在央视做广告。他们制作了洋溢着爱国激情的品牌广告在央视黄金时间密集播放。

因为乒乓球是国球，所以肯定会引起国人关注。伴随着孔令辉取胜后激情难以地亲吻五星红旗，安踏这个国产品牌也在这激动人心的时刻烙刻在国人心里。就这样，仅以数十万的投资就让安踏的名字伴随着孔令辉的声望和"我选择，我喜欢"的标志性口号响彻全国。安踏借奥运会一炮打响，跃升为全国著名品牌，当年的销售额就突破亿元。随后，安踏又推出全新的口号："永不止步"。它的核心理念是将14~26岁、立志向上、自强不息的青少年作为未来的核心客户，倡导"在运动的世界里，只要努力，有付出就会有回报"的理念。安踏在宣传时重点突出"运动精神"与"民族精神"的完美结合，与消费者在精神层面建立连接，全面提升品牌形象。

当耐克与阿迪达斯等品牌不约而同地宣传个性张扬时，安踏则选择用一组集体奋斗的

广告，让消费者产生热血沸腾的共鸣。

试分析：安踏的成功之处。

提示：安踏作为以一个运动品牌，没有走耐克、阿迪达斯等品牌的高端路线，而是走平民路线，显得更加贴近普通消费者，并把握消费者态度的对象性特征，使消费者对商家的印象加深。安踏把眼光投向了亿万工薪阶层，所以款式多样、物美价廉的安踏运动休闲产品顺理成章地成为广大消费者的首选。

2. 一个人在求学期间，依靠家人来满足自身衣、食方面的最基本的需要。当他走向工作岗位后，寻求稳定、安全的需要开始产生，希望和同事、朋友建立友好融洽的关系，以满足自己获得归属感和爱的需要。随着时间的推移，他还会希望自己能有实力胜任更高的职位，渴望得到他人的尊重与赏识。

问题：利用马斯洛需要层次理论分析该现象。

项目五 消费群体与消费者心理

知识要点
◎ 群体的内涵
◎ 文化和经济因素对消费行为的影响
◎ 不同性别消费群体的消费者心理特点

能力要点
◎ 了解消费群体的消费表现
◎ 理解不同年龄阶段消费群体的心理特征，并能进行有针对性的行为分析
◎ 掌握不同性别消费群体的消费者心理，并能对实际生活中的消费现象进行分析

在文化与科技融合产品日益盛行的大背景下，小米手机很好地做到了这一点：产品还没发布，"小米"两个字就已经被广泛传播，形成了自己的一套"粉丝文化"。发布会、微博、网站、媒体都成为小米手机的传播工具。在产品发布后，"米粉"（小米手机的粉丝）自然就成了小米手机最忠实的用户和购买者。同时，小米手机也会随着粉丝的支持和传播进而自发性地不断推广，这不仅省下了大笔的宣传费用，而且还取得了比一般宣传手段更好的效果。"米粉"最早是从操作系统MIUI和米聊上诞生，仅MIUI就有30万论坛注册用户。MIUI上线、米聊版本更新、小米手机发布、发售、运营商合约机计划，都是小米粉丝文化形成的重要时间节点。公司核心是产品和服务，粉丝最关心的也是产品和服务，这就是他们的共同诉求，有了这个基础，企业随后需要做的就是及时完善沟通和互动渠道。

在当今竞争如此激烈的手机市场中，小米手机选择采用高配置低价格的产品定位，抓住了广大消费者的心理。小米手机不仅使用了安卓系统，而且还配有属于小米的独特的MIUI系统，这也是小米手机区别于其他品牌手机的最大特点。低廉的价格、强悍的硬件吸引了无数"米粉"。

消费者购买商品的过程，往往是一个相当复杂的心理活动过程。在这个过程中，消费者一方面受相关群体和文化、经济、家庭等因素的影响；另一方面也受自身年龄、性别的影响。

任务一　认识消费者群体

5.1.1　消费群体的概念和分类

1. 群体的概念

群体是指由若干个具有共同目标、共同利益并在一起活动的人所组成的集合体。群体一般具有以下特征：有一定数量的成员，从事共同的活动，其活动有一定的社会目的，群体成员遵从一定的行为规范，具有相近的价值观念、兴趣和需要。当一群人面对一个共同的问题或利益，为了达到同一目标而一起工作时，这群人也成为一个群体。例如，公园里晨起打太极拳的老人构成一个群体，结伴出行旅游的游客也构成一个临时的群体。

2. 群体的分类

（1）根据消费者实际隶属关系可分为所属群体和参照群体。

所属群体是消费者生活在其中的群体，它直接影响消费者的消费行为，甚至可以逐步改变消费者的消费习惯。例如，同事、同学、闺蜜等。

参照群体是消费者个体目前尚未加入而希望加入的群体。它对消费者的消费行为有很

强的引导和示范作用，常常促使消费者通过比较、追求、模仿而改变自己的消费习惯。例如，个体在布置、装修自己的住宅时，可能以邻居或仰慕的某位熟人的家居布置作为参照和仿效的对象。

（2）根据个体对某一群体的自我意识程度可分为自觉群体和回避群体。

自觉群体是消费者根据自身的各种条件，主观上把自己归属于某个群体。这种群体成员之间可以根本不存在任何直接的交往关系。例如，中年知识分子群体、家庭主妇群体等。

回避群体是消费者自以为与自己不相符，尽量避免归属的群体。常人总是希望与自己反感的行为或不满的群体距离越远越好。例如，有些年龄大的人总是尽力打扮自己，以显示年轻。

（3）根据个体消费者加入群体的时间长短可分为长期群体和临时群体。

长期群体是个体在一段相对较长时间内参与其中的群体。该群体成员之间有较长且稳定的交往关系，对个体消费行为影响较大，有时能够在群体中形成一定的消费习惯，以及相近的商品评价标准和价值观念。

临时群体则是消费者暂时处于其中的群体。这种群体对个体影响是暂时且不稳定的，在特殊的情况下会对个体的购买欲望有很大的激发作用。例如，在某一商品的购买现场，临时群体中一些成员的抢购常会激发其他成员的购买欲望。

↘ 5.1.2　群体性消费者心理现象

心理学家研究认为，群体对个体的影响主要是通过暗示、模仿、从众和相互间的影响来实现的。

所谓暗示，是指人或环境以含蓄、间接的方式向他人发出某种信息，而使之无意识地接受并做出相应的反应。暗示的方式可以是销售人员个人的词语和语调、手势和姿势、表情和眼神及动作等，使之成为传递暗示信息的载体，也可以聘请名人为他们做广告。实践证明，暗示越含蓄，其效果越好。例如，"奔驰"汽车的广告是："如果有人发现我们的奔驰轿车发生故障、被修理车拖走，我们将赠送你美金一万元。"以婉转的方式从侧面暗示消费者，奔驰牌汽车的质量是绝对有保证的。暗示是群体对个体施加影响的重要途径。

所谓模仿，是指在没有外界控制的条件下，个体受到他人行为的影响，仿照他人的行为，使自己的行为与之相同或相似。人们在行为过程中，为了完善自己，使行为更合理，都在自觉和不自觉之中相互模仿。有的人出于心理向往和追求而模仿榜样的消费行为。例如，影迷们总是喜欢模仿他们崇拜的电影明星的装束打扮。英国王妃戴安娜因怀孕而特地设计穿着的一种底色鲜红夹着黑白色碎花的孕妇服，成为当时许多英国妇女效仿的流行服装。

从众是一种比较普遍的社会心理和行为现象（如图5-1所示）。通俗地解释就是"人

云亦云""随大流"。心理学认为，所谓从众效应，是指个体受到群体的影响而改变自己的观点、判断和行为等，以和他人保持一致。现实生活中，由于部分消费者缺乏商品知识和自主心理，所以往往在购物时表现出"随大流"的消费心理倾向。

图 5-1　从众行为

许多人竞相模仿，从而形成一种风尚，就会出现流行。消费流行既可以是自上而下依次引发的流行方式。例如，中山装、列宁装，首先是由社会上层领导人物或名士带头穿着，引起人们纷纷模仿和效仿，从而形成社会流行。消费流行也可以是社会各阶层间相互影响横向流行的方式。例如，高跟鞋、喇叭裤等是由社会的某个阶层率先使用，而后向其他阶层蔓延、普及的。消费流行还可以是自下而上的流行方式，即由社会的下层先采用，然后向上层推广而形成时尚。例如，领带源于北欧渔民系在脖子上防寒的布巾，现在已成为与西装配套的高雅服饰。

案例 1　最大赢家

碧桂园是中国新型城镇化进程的身体力行者，是全球绿色生态智慧城市的建造者，不仅为超过 400 个城镇带来现代化的城市面貌，提升当地人民的居住条件和生活品质，还在新加坡旁以当今世界先进的城市设计理念首建立体分层现代城市——森林城市。

20 多年来，碧桂园都是所在城市的亮丽风景线和名片。园林景观、生活广场使当地人民流连忘返，会所、物业服务令人生活舒适、安全。城市的建筑、园林、管理都经

得起时间的检验，碧桂园在每座城市都将小区品质做到一步到位：建世界一流的小区！碧桂园以"建大众买得起的好房子，给业主一个五星级的家"为理念，迅速发展为中国地产三强、福布斯全球300强企业，凭借一句"给您一个五星级的家"的广告语深入人心，这些年来，随着碧桂园的发展壮大，碧桂园的广告更是铺天盖地地出现在人们的生活中，其中不乏很多创意十足，吸引人眼球的广告，特别是地产广告"好房子，一套就够了"。

【启示】碧桂园凭借出色的广告，暗示消费者好房子只要一套就够了，而且这一套就是在碧桂园。

➥ 5.1.3 文化因素对消费群体心理的影响

文化，就其广义来讲，是指人类在社会实践的历史发展过程中创造的物质财富和精神财富的总和；从狭义上讲，是指社会意识形态，包括文学、艺术、教育、道德、宗教、社会习俗等。文化因素以多种形式在诸多方面构成一个社会的社会规范和价值标准，影响和制约着社会成员的行为。

亚文化是文化的细分，所谓亚文化是指存在于不同社会群体之间独有的基本文化因素，是人们根据民族、籍贯、地区、种族、宗教、性别、年龄、职业等形成的，具有各自特点的，共有范围相对较小的文化。从消费者行为的角度来看，属于不同亚文化影响范围的人，在消费方面存在着很大的差异；属于同一亚文化影响范围的人，在消费方面就有较多的相似之处。这里仅从市场细分的角度，分析讨论亚文化群对消费者行为的影响。

（1）国家亚文化。不同国家的人们分属不同的亚文化影响范围，其消费习惯存在着许多差异。如果企业不了解各个国家的亚文化区别，则必定造成不必要的损失。例如，落叶归根、勤俭持家的观念已塑造了我们的行为。

（2）民族亚文化。一个国家往往由多个民族共同组成，各民族之间存在宗教信仰、崇尚爱好和生活习惯等方面的差异，从而形成相对独立的消费方式和具有民族特色的消费心理，如图5-2所示的彝族服饰和图5-3所示的傣族泼水节都是民族亚文化的代表。

图5-2 彝族服饰

图5-3 傣族泼水节

（3）地区亚文化。地区亚文化群是指不同地区因自然环境、生产条件的差异而形成

的地区性文化群体，不同地区有不同的消费观念和消费习惯，如图 5-4 所示的新疆特色食品。了解不同地区亚文化群的消费特点及在消费观念上的差异，对企业能否更好地满足不同地区消费者的需要，巩固和扩大市场有重要的意义。

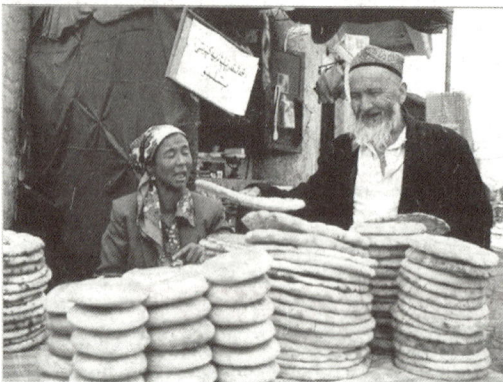

图 5-4　新疆特色食品

（4）宗教亚文化。不同的宗教都有着不同的教规和禁忌，而它们对教徒的思想和行为有着重要的影响。例如，在与宗教有关的各种节日期间，教徒应严守食物禁忌并禁止一切与教义或戒律不符合或相违背的活动内容，用于这方面的消费支出便会在这些特殊的日期内中断或下降，而用于宗教生活的消费支出则会在这些日子里大幅度上升。

5.1.4　经济因素对消费群体心理的影响

经济是影响消费者行为的主要因素。它主要包括经济发展阶段、地区发展状况、产业结构、货币流通状况、消费者收入因素及消费结构，其中，消费者收入和消费结构对消费者行为影响较为直接。

1. 收入因素

消费者收入水平与消费者消费水平有着不可分割的联系。消费者收入并非都是可以自由支配的，只有可支配的部分才能对市场产生影响，可支配收入主要包括从收入中扣除个人所得税、月供、水电费等必须缴纳部分。居民可支配收入的多少直接关乎其购买力的大小。居民可支配收入越多，市场容量就越大。反之，居民可支配收入越少市场容量越小，市场发展潜力也就越小。如图 5-5 所示为我国（2013—2017 年）居民可支配收入及其增长速度。

2. 消费结构

消费结构是指消费者在各种消费支出中的比例及相互关系。居民个人收入与消费之间存在着一个函数关系，德国统计学家恩格尔提出过著名的"恩格尔定律"：当家庭收入增加时，只有一小部分用于购买食物，用于衣服、房租和燃料方面的支出变动不大，但用于教育、医药卫生与闲暇娱乐活动方面的支出则增加较多。恩格尔论述的消费支出与总支出的关系称为"恩格尔系数"。恩格尔系数越小，食物支出所占比重越小，表明生活质量越高；反之，则表明消费者生活质量水平越低。企业从恩格尔系数可以了解目前市场消费者

行为变化趋势及其对销售活动的影响。1996—2016 年我国城乡居民家庭恩格尔系数变化趋势如图 5-6 所示。

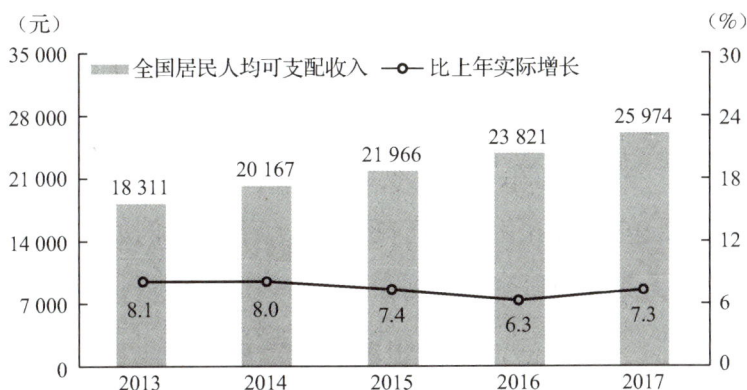

图 5-5 我国居民可支配收入及其增长速度

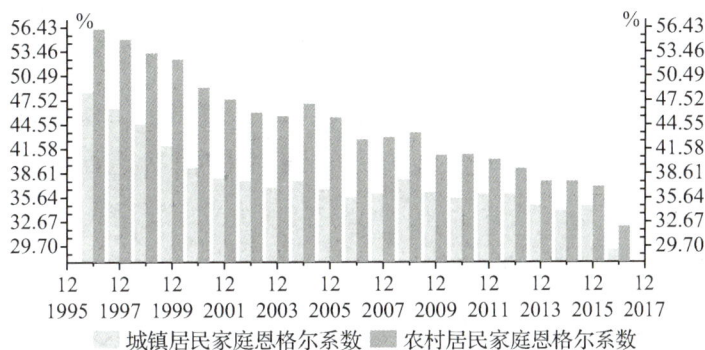

图 5-6 1996—2016 年我国城乡居民家庭恩格尔系数变化趋势

任务二 家庭群体消费者心理分析

家庭是建立在婚姻和血缘关系基础上的亲密合作、共同生活的小型群体。消费者的消费心理、消费行为、消费方式、消费习惯等首先从家庭中学来。父母的消费习惯会影响其子女，父母对子女的教育方式也会影响他们的消费心理。同时，家庭又是社会的基本经济收支单位，是消费品的基本消费单位。

5.2.1 家庭类型结构与消费者行为

1. 家庭类型结构及家庭组成人员情况

我国现代家庭结构一般分为：单亲家庭，即只有一个家庭成员所组成的家庭；核心家庭，即由异性的两个成年人组成，生活在法律准许的男女婚姻关系中，拥有自己未婚子女的家庭；直系家庭，即包括一对夫妻加上一个已婚子女及其配偶，或者再加上第三代、第四代人所组成的大家庭。

2. 家庭类型结构对消费者心理的影响

家庭类型结构不同，其消费职能履行的具体形式、程度、特点及消费心理会有一定差别。

单亲家庭的消费者单独生活，对于大综商品，如成套家具购买欲望较低，对于生活必需品，一次性购买数量也较少，对商品的购买和使用，都希望简单、省时、方便，但其自尊意识和求胜心理较强，对消费商品的档次要求较高，并力求达到甚至超过核心家庭的消费水平。当然，不同情况的单亲家庭，其消费行为也不同。例如，老年单身鳏夫或寡妇，在生活消费上一般倾向于节俭和保守；而独居在外、临近婚期的未婚男女青年实质上是处于核心家庭前期的一个临时性组织，因而消费心理又会有所不同。

核心家庭是我国乃至世界许多国家近期家庭的发展模式。这些家庭夫妻共同工作，年轻力壮，精力充沛，经济收入比较稳定，且子女小，家庭矛盾少，有一种稳定的优越感，因而在消费心理上求新、求异、求名、求美。

近几年在我国，孩子在家庭中的地位明显提高。父母在孩子身上往往倾注所有的精力和财力。父母为了孩子的快乐和成长，会尽量满足他们的要求。这就影响到核心家庭的消费心理和购买行为，在这种家庭环境的影响下，子女的消费习惯和消费方式也会形成求新、求奇的消费心理特点。

随着我国二胎政策的提出，曾经的三口之家的家庭结构很大程度上会发生改变，尤其是作为独生子女的一代的80后、90后父母，她们的思想与行为将会发生非常大的转变。有些人对二胎模式家庭结构能够很快适应，而对于有些家庭则带来很多争执。总之，"二胎"政策的提出，正在转变我国的家庭结构，普通民众的生活、行为也将会受到新的社会环境的挑战。

直系家庭规模较大，层次较多，一般情况下，家庭的长辈处于核心地位，执掌着家庭消费大权。其成员的消费行为明显受到长辈的影响和制约，因而消费行为从整体上带有保守性，购买商品时讲究价廉物美，经济实惠。

5.2.2 家庭成员的角色与家庭购买决策

1. 家庭成员的角色

根据在实际购买决策中的作用，家庭成员所扮演的角色可分为五种。

（1）发起者，即第一个提议或想到去购买商品的人，他能促使家庭其他成员对该商品发生兴趣。

（2）影响者，即有形或无形地影响最后决策的人，他所提供的商品信息或购买建议对决策者有一定的影响。

（3）决策者，即最后决定购买意向的人。决策者有权单独或与家庭其他成员一起对买还是不买，买什么商品，何时去买，到哪里去买等问题做出决定。

（4）购买者，即按照决策者的决策，到商店实际购买商品的人。

（5）使用者，即实际使用所购商品的人。

家庭成员在购买中所扮演的角色是不一样的。以购买电冰箱为例，最早引起大家对电冰箱的兴趣、提出购买倡议的也许是女儿，也许是母亲，然后父亲或全家表示赞同，最后由父母共同商量，觉得需要又能买得起，于是形成了购买决策，实施这个购买任务可能由父亲或儿子承担，至于使用者必然是全家。

2. 影响家庭购买决策的主要因素

影响家庭购买决策的主要因素有所购商品的重要性、家庭的经济收入、家庭的民主气氛、成员分工、家庭生命周期、可觉察风险、购买时间等。

5.2.3 家庭生命周期阶段与消费者行为

家庭的产生和发展都有一个过程。依据家庭主人的婚姻状况、家庭成员的年龄、家庭的规模、成员工作情况，可以把家庭发展过程划分为单身期、新婚期、生育期、满巢期、离巢期、空巢期、鳏寡期七个阶段。这七个阶段有机统一，称为家庭生命周期，如图 5-7 所示。

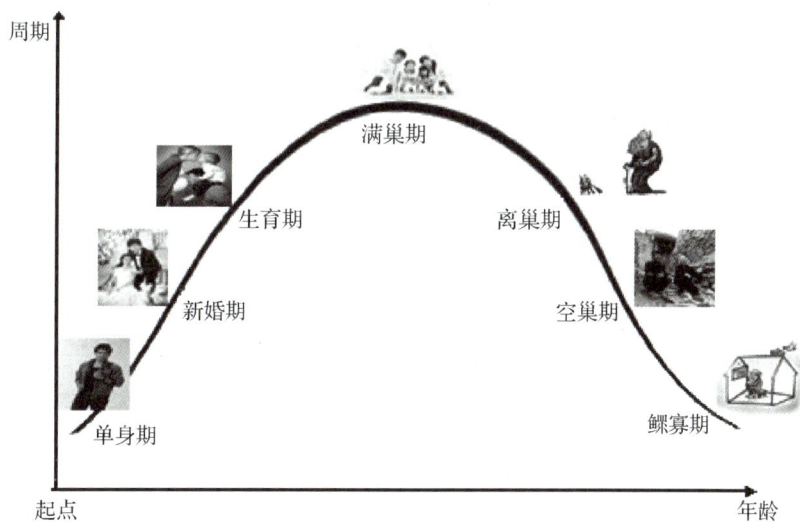

图 5-7　家庭生命周期

单身期，又称"准婚期"，指人到青年以后逐步脱离家庭单独生恬，刚刚独立又没有结婚的阶段，属于家庭生命周期的第一阶段。其消费行为同于单亲家庭的特征。

新婚期，这个时期起始于夫妻关系的确立和夫妇两人家庭的建立，终止于第一个子女的出生。在这一阶段，夫妇收入合到一起，没有其他生活负担，在购买决策上能够彼此商量。由于他们新婚，有充裕的业余活动时间，所以愿意寻求快乐的生活方式。大件商品在结婚时已经齐备，婚后只需进一步充实和美化，因此在消费行为上，新婚期的消费者对非家庭生活必需品，有着强烈的追求时髦和奇特的消费动机。

生育期，是指核心家庭从第一个孩子的出生到最后一个孩子降临所经历的发展阶段。这一阶段的家庭消费行为不再完全取决于个人兴趣，而是在一定程度上以孩子为中心。为

了孩子的成长和学习，从食品、衣服、玩具到文化学习用品都得购买，经济开支比较大，父母的工作负担和家务负担都比较重，因而在消费心理上表现为求廉欲望较强。要求所购买的商品既要物美价廉，又要具有多功能，购买过程力求简单、省时、方便。

满巢期，是指从最后一个孩子的降生到第一个子女独立生活或另建家庭的阶段。这一时期是家庭成员较为稳定的时期，也是家庭发展的鼎盛时期。家庭消费偏重子女的学习和生活。望子成龙心切的父母们，不仅要满足孩子一般生活与学习的消费需要，而且还要想方设法为孩子提供最优越的学习条件。在消费心理上，除求廉、求便的心理外，家庭核心成员生活经验和购买经验逐渐丰富，由缺乏经验的冲动性购买转化为经验性购买。

离巢期，是指起始于第一个子女独立生活，终止于最后一个子女走向社会，参加工作，开始独立生活的阶段。这个阶段一般是家庭经济状况最好的时期。由于业务技能的提高和从业时间的增加，夫妻双方的收入比年轻时增多，自由支配的闲暇时间也相应增多，所以消费水平随之提高，消费结构不断改善，旅游和保健支出增加，家庭消费心理的求名、求美欲望逐渐增强。当然，也有家庭仍然保持节俭作风，以积攒资金为子女筹办婚事。

空巢期和鳏寡期是家庭发展的最后两个时期。空巢期是指家庭子女离家后夫妇双方重新回到二人世界的时期。鳏寡期是指从二老中的一方离世开始，到双方去世所经历的时期。家庭进入空巢期和鳏寡期以后，其成员的身体、感情、生活习惯、经济收入都发生相应变化。消费心理逐渐趋于保守，成为新产品和新观点的最后采纳者。对商品价格极为敏感，求廉、节约成为他们消费的主导思想。

任务三　不同年龄阶段消费群体的消费者心理分析

5.3.1　少年儿童消费者心理

我国儿童出生率在大幅下降。从数字上看，儿童人口总数较前十年有明显减少，独生子女越来越多，但是，儿童消费品市场丝毫没有萎缩的迹象，反而由于孩子在家庭中的核心地位逐渐突出，使得"金色市场"迅速壮大。现在，乃至未来，孩子都将成为家庭消费的核心。

1. 儿童期消费行为特征

初生婴儿到11岁的儿童，身心迅速增长变化。生理上，从仰卧爬行到直立行走，从完全依靠别人照顾，到逐渐可以照顾自己并能帮助他人；心理上，开始掌握学习过程，逐渐形成认知能力、意识倾向、兴趣、爱好、意志品格等心理品质，学会了思维，有了一定的理性认识；行为上，逐渐从被动接受转变为主动行动。按照弗洛伊德的理论，这是形成性格的重要时期，这时的经历将影响终身。儿童的心理发展在消费活动中有以下特征。

（1）从生理性需要发展为社会性需要。随着年龄增长，需要从本能需要发展为有自我意识的需要。在消费行为上，该年龄阶段的儿童大多提出消费的欲望，而很少充当购买者，但其购买意识会影响父母的购买行为。

（2）从模仿型消费发展为个性消费。儿童的模仿性是非常强的，尤其在学龄前，别的小朋友有的玩具、零食、用品，自己也想拥有，一定要让父母设法买到。随着年龄增长，模仿性消费逐渐被有个性特点的消费替代，如自己的玩具或文具一定要好于其他小朋友等。

（3）从不稳定的消费情绪发展到比较稳定的消费情绪。婴幼儿的消费情绪极不稳定，易受他人影响，对某些商品时而喜欢，时而不喜欢。随着年龄增长，与社会的接触逐渐增多，集体生活日益丰富，孩子初步学会了控制情感。儿童的消费心理多半处于情感支配阶段，购买行为以依赖型为主，但能影响其父母购买决定的意向，尤其不能忽视的是儿童对未来市场的影响。

2. 少年期消费行为特征

少年期（12~18岁）是儿童逐渐长大成人并向青年过渡的时期。进入青春发育期后，由于身体的急速生长，以及知识、活动领域的扩大，青少年经常遇到感情困惑和概念冲突，情感易受伤害，行为易走极端。这些特点深深影响其消费行为，具体表现为以下几点。

（1）有成人感，喜欢模仿成年人消费。模仿成年人消费是少年消费者自我意识的显著特点。他们认为自己已长大成人，应该有成人一样的权利和地位，要求受到尊重。在消费行为上，他们不愿受家长束缚，倾向于自主独立地购买喜爱的商品。例如，中学生在实际生活中的角色是"没有独立生活能力的孩子"和"在校学生"，社会评价压抑了其"成人意识"。为满足自己的心理需要，他们有的开始讲究穿戴打扮，在外部形象上模仿歌星或影星，并成为追星一族。有调查资料表明，60%的青少年存在"追星意识"，他们经常利用课余时间或节假日，进商场、逛书店，用自己的零花钱购买喜爱的歌星光碟或宣传画。

（2）逆反心理较强，直接影响消费等行为。青少年在这一时期走向成熟并逐渐独立，虽然理智但更富热情，面对新奇的世界敢于进取和冒险，有较强的反传统、反习俗倾向，常做出与外界压力（父母、老师和社会的要求）相反的选择。例如，中学生时常会穿戴一些奇装异服，将头发染黄等，这既是赶时髦、追星的结果，又是逆反心理的表现。

（3）购买倾向逐渐确立，有稳定感。少年时期是将需要、情感、能力、目标、价值观等特质整合为统一人格的时期。这时的少年消费者，知识不断丰富，兴趣相对稳定，有意识的思维与行为增多；随着购买活动次数的增加，对消费品具有了初步的判断、分析能力，购买行为趋于稳定性。这时建立起来的兴趣爱好会影响其一生的消费行为。

（4）影响消费行为的范围逐步扩大，越来越社会化。青少年自理能力增强，具有一定独立生存能力，信息渠道增多，受影响范围更加广泛，这些影响不仅来自学校、同学、

朋友、老师、电视，还来自网络等新兴媒介。这一年龄段易产生追星族，其消费深受偶像的影响，常在穿着、发型上刻意模仿偶像明星。

3. 少年儿童用品市场销售的心理策略

针对少年儿童的独特心理，应采取相应的策略，促使其实现购买行为。

（1）年龄段不同，策略不同。乳婴期，主要由父母作为其消费品的购买者。企业对产品的设计构思、价格制定等，完全可以从年轻父母细心呵护婴儿的心理需要出发。

学龄期，儿童开始不同程度地参与父母为其购买商品的活动。企业既要考虑父母的要求，也要考虑儿童的愿望。玩具的外观要符合儿童的心理特点，价格要符合父母的要求，功能要符合父母提高儿童智力发展的心理需要。对小件商品，尤其是小件玩具、文化用品、零食等的设计和销售方式完全可以根据儿童的心理要求确定，因为他们逐渐有能力去完成购买行为。较大件商品，如服装、鞋帽等，要更多地考虑父母的接受程度，但样式要适合儿童的心理特点，要努力做到儿童喜欢、父母满意。

（2）商品外形设计要美观，色彩要丰富。少年儿童对事物的认识以直观的形象思维为主，更多地依据直观感觉判断商品的优劣。尤其是新产品，其外观形象对少年儿童消费者有决定性的引导作用。

（3）培养忠诚顾客，提高品牌忠诚度。儿童受各种环境的影响，已经开始接触各种商品和媒介。在这个时期，为其灌输产品或企业的消费理念，多年以后，这部分群体必将成为该产品的用户和该企业的消费者。例如，《海尔兄弟》这部动画片的连续热播，影响了几代消费者的消费选择。

（4）开展公关活动，培养潜在顾客。少年儿童是祖国的未来和家庭的希望，也是未来市场的重要载体。少年儿童的健康成长是一个家庭的核心工作和焦点。树立良好的企业形象，使少年儿童接受企业品牌，对开展营销活动意义重大。

↘ 5.3.2 青年消费者心理

青年消费者群体在整个消费群体中占有举足轻重的地位。18～35岁这个年龄段的青年人是每个家庭的主要劳动力，也是家庭收入的主要创造者。

1. 青年消费者心理特点

（1）追求时尚，强调实用。青年人典型的心理特征是内心丰富、热情奔放、思维活跃，对未来充满希望和幻想，富有冒险精神，对新事物、新知识、新概念感到新奇、渴望，敢于大胆追求，极富创造性。表现在消费心理与行为方面，他们追求新颖与时尚，力图领导消费新潮流。

（2）意愿强烈，需要复杂多样。随着自我意识的发展和生理上的成熟，青年人急切希望确立自己在消费上的主导地位。同时，由于在职业、收入等方面存在着很大的差异，所以同一青年消费者群体的消费需要也有明显的不同。例如，青年白领消费群体对衣着、服饰等的消费需要往往要高于普通青年群体。

（3）购买能力强，购买行为果断迅速。青年无论在工作中还是生活中都扮演着相当重要的角色，这一年龄段的消费者没有过多的家庭生活负担，对美好社会充满了好奇，敢于冒险的心理促使他们一旦产生需要，就会立即产生购买行为。

（4）注重情感，直觉购物。青年处于由少年走向成熟中年的过渡期，情感与理智、冲动与克制并存，但是情感与冲动仍占主导地位，在购买商品的过程中，他们凭情感选择商品的习惯，常常忽略综合选择商品的必要。款式、颜色、造型、价格等因素都能成为他们购买的独立原因，跟着感觉走的消费心理会占据主导地位。

2. 青年的消费心理策略

根据青年消费者的心理特征，企业可以采取以下营销策略。

（1）满足青年消费者的多层次需要，开发多样化商品。青年消费者个性较强，在消费上的差异比较明显，企业应根据不同阶层的群体和同一阶层的不同需要，开发多种产品，满足尽可能多的消费者的需要。

（2）提升服务质量，培养忠诚消费者。青年消费者不仅拥有较强的购买力，往往也是企业新产品的早期采用者，他们对商品的感受和评价，以及对周围群体的影响，都将直接影响产品的销售情况。

（3）开发时尚商品，引发时尚潮流。青年消费者对外界充满了好奇心，求新、求奇、求名等心理左右着他们，企业在开发新产品时，应更多地关注产品的新颖、时尚性，推动消费潮流的迅猛发展。

5.3.3　中年消费者心理

中年消费者群体一般是指35岁至退休年龄阶段的人。中年消费者人数众多，他们家庭负担重，大多处于决策者的位置，购买的商品既有家庭用品，也有个人、子女、父母的日常生活类商品，还有大件耐用消费品。

1. 中年消费者群体的心理特征

（1）理智性强，冲动性小。中年消费者阅历广，购买经验丰富，情绪反应一般比较

平稳，多以理智支配自己的行动，感情用事的现象不多见。他们注重商品的实际效用、价格和外观的统一，从购买欲望形成到实施购买往往经过多次分析和比较，随意性小。

（2）计划性强、盲目性小。中年消费者处于青年向老年的过渡阶段，大多是家庭经济的主要承担者。尽管他们的收入不低，但是肩负着赡老育幼的重任，所以生活经济负担重，经济条件的限制使他们养成了勤俭持家、精打细算的消费习惯，以量入为出作为消费原则，消费支出计划性很强，很少有计划外开支和即兴购买。

（3）注重传统、创新性小。中年消费者正处于"不惑"和"知天命"的成熟阶段，青年消费者身上的一些特点在他们身上逐渐淡化，他们既有青年时代的美好回忆，又要以身作则，做青年人的表率。因此，希望以稳重、老练、自尊和富有涵养的风度有别于青年人。反映在消费方面，就是他们不再完全按照自己的兴趣爱好选择商品或消费方式，而是更多地考虑他人的看法，以维护自己的形象，与众人保持一致。例如，选择服装时，他们宁可压抑自己的个人爱好，也不愿意让别人说自己的衣服花样不稳重。

2. 中年用品市场销售心理策略

（1）培养忠诚的中年消费者客户。中年消费者在长期的使用和购买活动中形成了较强的习惯心理。这部分消费者往往也会成为企业的忠诚消费者。中年消费者的习惯性心理不仅影响着自己的行为，同时也对子女的消费行为有很大的影响。

（2）重视售后服务。中年消费者的消费多属于习惯性消费，他们多数是企业的忠诚消费者，他们在购物后的诉求对企业来说将是很好的建议和忠告，所以企业应该做好他们的服务，尤其是售后服务，为企业赢得更多进步的机会。

（3）突出商品的实用性。中年消费者由于家庭负担较重，上有老，下有小，在消费上更重视产品的使用价值，对华而不实的商品购买欲望较低，更强调商品的实用性。

5.3.4 老年消费者心理

老年消费者一般是指在60岁以上的人。世界各国正在步入老龄化时代，老年消费者市场将成为一个全世界关注的市场。

1. 老年消费者的生理、心理变化特征

老年消费者的变化非常明显，表现出来的总的特征是"丧失感"，包括身体精力的逐步丧失、社会角色的丧失、社会能力的丧失等。他们生理上的衰老最为明显、速度最快，尤其是体态与生理机能，使得老年消费者适应外界环境的能力逐步减退。老年消费者一般比较内向，有的还出现一定程度的自闭。他们沉溺于对过去的回忆之中，顽固地以自己心目中根深蒂固的价值观来衡量、评价现实中的一切。老年消费者的智力并未全面衰退，而情感可能变得脆弱、敏感，易产生较强的自尊心理。综合起来看，老年消费者时常有失落感、怀旧心理和自尊心理。

2. 老年消费心理表现

（1）消费习惯稳定，消费行为理智。老年消费者在几十年的生活实践中，不仅形成

了自身的生活习惯，而且形成了一定的购买习惯。这类习惯一旦形成就较难改变，并且会在很大程度上影响老年消费者的购买行为。老年消费者对消费新潮的反应显得较为迟钝，更讲究实惠。

（2）商品追求实用性。老年消费者购买商品将实用性放在第一位，强调质量可靠、方便实用、经济合理和舒适安全，至于商品的品牌、款式、颜色和包装是其次需要考虑的。

（3）消费追求便利，要求得到良好的售后服务。老年消费者的生理机能有所下降，他们总希望购买场所的交通方便些，商品标价和商品说明写得清楚些，商品陈列位置和高度适当，便于挑选，购买手续简单，服务热情、耐心、周到，同时，也要求商品能够易学易用、方便操作，减少体力和脑力的负担。

（4）消费需要结构发生变化。随着生理机能的衰退，老年消费者的需要结构发生变化，保健食品和医疗保健用品的支出增加，满足个人嗜好和兴趣的商品支出也有所增加，逐渐开始向享乐主义者转化。

（5）较强的补偿性消费心理。在子女成家立业，没有了过多的经济负担后，部分老年消费者产生了较强的补偿性消费心理，在美容、衣着打扮、营养食品、健身娱乐和旅游观光等商品的消费方面，有着与青年人类似的强烈消费兴趣，以补偿那些过去未能实现的消费愿望。

3. 老年消费心理策略

（1）开发适合老年消费者的各种商品。在开发老年消费者相关商品时，一定要以老年消费者心理上和生理上的一些特点及因素为根据，使产品符合老年消费者的要求，注重产品的实用性、方便性、保健性。

（2）重视全面售后服务。老年消费者大多体力不支，企业应满足其消费心理，提供体贴、周到的服务，如送货上门、安装、调试、上门维修等。

（3）开展全方位营销。老年消费者在追求实用的心理作用下，对高价位商品往往望而止步，在这种情况下，企业营销的对象就应该转移到其子女身上，提倡尊老的社会风尚，刺激青年消费者实施最后的购买行为。

案例 2　不同年龄段消费者的着装心理

青年人在审美感觉上更多地依赖别人对自己的评价。十八岁左右的年龄，应视为人生最美（自然美）的年华，也是一个人开始渴望美的最早的年龄阶段，此时的青年人期望得到他人对自己更多的美誉。但往往由于个性及思维方式等尚不十分成熟，故而他们常常盲目地崇拜、模仿成年人，追求那种并不合适自己的装饰美，反而弄巧成拙，失去了自然美的魅力，且缺乏正确的自我意识。有的青年人为了标新立异，总是想选择一些个性化的服装，还有许多青少年看了韩剧、日剧、欧美电影，对剧中的穿着很是迷恋，所以韩版服装、日系服装等很受他们欢迎。

中年人的着装应体现一种成熟、健康、庄重的美感，其服饰形象往往更多地融入知识与文化的内涵。一般而言，中年人已形成自己的服装与穿着习惯，不易改变。例如，一个性格内向、文静的女士，一般不喜欢穿得太花哨，若改变其原有的服装风格，则会使其感到无所适从，不能接受。因此，气质优雅型、沉稳大方型的服饰更受中年人欢迎。

人们在进入老年期以后，往往会产生一种强烈的"美欲"，即希望自己"返老还童"，能够显得更年轻、精神。这是一种正常的、积极的心理反应。从社会角度而言，则应有更多颜色和款式的服装来满足老年人追求美的心态，使他们的生活更加温暖美好。

【启示】不同年龄层次的人有不一样的审美观点，服装经营者如果能够更好地认识到消费者的心理需要，那么就可以选对货源，不用再担心商品的销售问题。

任务四　不同性别消费群体的消费者心理分析

心理学角色理论认为，性别也是一种角色。社会文化规定着个体的社会角色，影响着个体的性别倾向。无论社会文化的这种规定如何改变，性别的差异还是根本存在的，并带有深刻的社会文化的烙印。男女性别的这种差异会影响生活的各个方面，在消费上也是如此。

5.4.1　女性的心理特征

女性消费者主要是指中、青年女性。中、青年女性商品消费市场一方面包括女性自身专用的，如化妆品、装饰品、服装、鞋帽等女性专用产品，另一方面包括主要由女性外出购买的家庭中所使用的全部商品。

1. 女性用品市场的主要特点

（1）女性用品市场范围广。有关资料表明，在家庭消费品的购买中，女性购买占59%，男性购买占30%，夫妻双方共同购买占11%。由此可见，女性在消费品市场中地位十分重要。尤其是现代女性，她们的经济、文化水平及地位不断提高，参与购买机会增多。

（2）女性消费大多集中在"软性商品"和"包装商品"上。"软性商品"是指那些流行性、装饰性的商品，如衣料、服装、装饰品等。这类商品的特点是，在购买动机中，心理因素占据重要位置，商品的设计具有重要意义，容易流行也容易过时，个人爱好与要求对购买影响很大。"包装商品"是指装于包装容器内的商品，销售量大，不必强调商品的品质和性能，如家庭中的日用品。这类商品的特点是，购买者往往凭经验和习惯进行购买，注重品牌，商品的知名度越高，女性消费者就越愿意购买，冲动性购买的比例较高，商品的特性和个性显得非常重要。

（3）女性消费者对商品爱挑剔、爱选择。女性消费者购买面广，消费弹性大。本身的性别角色决定了她们的态度和行为非常细腻、认真，对商品的挑剔程度比男性高，她们

对商品的生产部门和销售部门有更苛刻的要求。另一方面，女性消费者自身表达能力、感染能力、传播能力都很强，如果企业争取到一个忠实的女性消费者，就等于争取到了一群消费者。

2. 女性消费者的心理特征

（1）追流行、求时尚。爱美之心，人皆有之，尤其是女性消费者，更加希望自己和家人生活得更好。现代女性处于家庭的主导地位，购买权力很大，加上她们自身不断完善，与社会交往机会增多，能及时观察到市场的流行趋势。其消费心理表现为，对流行趋势异常敏感，时代气息较浓，追求时尚。

（2）注重商品的实用性，节俭心理较强。中年女性消费者比较成熟的心理决定了她们的消费行为趋于合理性、整体性，一般量力而出，不超出消费计划，有明显的节俭求利心理，对打折优惠有浓厚兴趣。她们追求经济实惠、结实耐用，有明显的理智、求实的特点。

（3）注重外观、情感心理强。与男性相比，女性消费者的行为常表现出社会情感性。女性消费者在购买商品时更注重商品外观形象，追求情感满足。她们大多凭直觉判断商品的优劣，在外界因素和情感的支配、作用下，会临时产生购买欲望或对某种商品表现出偏爱。女性消费者的这种消费心理特征在为丈夫、子女等家人购物时表现得非常突出，往往会脱离商品的基本功能，更加倾向于受商品的情感功能的影响，从而表达对亲人的爱。

（4）灵活主动性强。大部分女性消费者经常光顾商店购买商品，并在购买商品时表现出主动性和灵活性。她们知道家中应添置什么用品，一旦没有合适的商品，便会主动寻找合适的替代品，实现其购买愿望。

（5）有较强的自我意识和自尊心。女性消费者购买心理起伏波动性较大，易受外界因素影响，广告、服务态度、其他消费者的意见等，都可使其改变态度。这是因为女性消费者的自我意识较强，对外界反应敏感。同时，女性消费者强烈的自尊心往往认为，自己所购买的商品符合社会潮流，渴望得到他人的认可或赞扬。购买商品价格的高低、款式、质量、色泽等变化都可能引起她们的心理反应，别人对她们购买商品的评价也会影响其购买行为。

3. 女性用品市场销售的心理策略

女性用品市场是一个广阔而且潜力很大的市场，在整个家庭商品营销中占有重要位

置。企业要针对女性消费者的心理特征，努力开发市场，以争取最佳经济效益。

（1）加强商品的形象设计。目前，各企业的产品内在质量已趋于稳定，但产品包装、造型设计与国际水平相比仍有很大差距，形式单一、色泽单调的商品，并不能满足女性消费者求新、求美、求个性的心理。根据女性消费者的心理特征，企业应加强对产品外在造型的设计。

（2）提供方便、有效率的商品。女性消费者多承担双重角色，工作和家务双肩挑。未来的女性消费者，随着经济能力的提高，会从注重价格走向注重购物的方便性和商品使用的方便性，以减轻家庭劳动强度。一些半成品的食品、免烫的服装、多功能家居用品及高档的数字化家电等，都是她们首选的购买对象。

（3）充分展示商品。女性消费者把购物当成自己能力的表现，喜欢亲自购物，亲自挑选，增加乐趣，满足其情感的要求。企业应尽量采用开架销售，一方面可满足女性消费者购物时亲自挑选的心理，另一方面也可避免因多挑选而引发的冲突，有利于经济效益的提高。

（4）优化购物环境，提高服务水平。企业要在内外环境上下功夫。外部环境要交通便利，商场外观大方；内部环境要清洁、明亮、宽松，给女性消费者以休闲购物的感觉。同时，企业还要提高接待水平，让女性消费者真正体会到当"上帝"的感觉。

↘ 5.4.2 男性的心理特征

1. 男性消费者的消费特征

（1）迅速、果断、自信。男性消费者具有较强的独立性、自尊心、理智和自信心，处理问题从大局着想，能够冷静地权衡各种利弊因素。他们在购买商品时只是询问大概情况，对某些细节不爱追究，不喜欢花较多的时间去比较、挑选。

（2）购买日常用品较为被动。男性消费者一般不主持家务，购买商品远不及女性消费者主动、频繁，尤其是日常生活用品，往往是受人之托、家人嘱咐才被动地去购买某些商品，灵活性较差。许多男性消费者在购买商品时，总是按照事先记好所要购买的商品品名、款式、规格等去选购，很少选择替代商品。

（3）购买时感情色彩较淡薄。男性消费者在消费过程中，感情比较稳定，决策过程不易受感情支配，在购买大件商品时，他们主要考虑商品的性能、质量、牌子、使用效果。如果上述条件符合要求，他们就会立即做出购买决策。

（4）购买特殊用品积极执着。对一些有特殊用途的商品，男性消费者会以积极的态度执着追求。音响发烧友、汽车发烧友、钓鱼爱好者、集邮者、古董收藏家等，以男性消费者居多。古董买卖中流行一句俗语："三年不开张，开张吃三年"，这说明为实现其收藏爱好，男性消费者往往不计成本。这种发烧般的狂热追求，对商家而言是很好的商业机会。

2. 男性消费市场心理策略

（1）注重产品内外价值的统一。男性消费者在购买商品时，大多属于理智型消费，商品的内在实用性往往是其购买的第一目的，另外，男性消费者也有很强的虚荣心理，商品的外在形象也会成为他们选购商品的重要指标。

（2）注重品牌形象的塑造。同女性商品相比，男性商品种类少，男性消费者的购买次数也少。但是，男性消费者在选择商品时，对产品的形象价值十分看重。

（3）商品开发要考虑男性消费者的审美观。男性消费者和女性消费者对商品的审美有明显的差别，审美观影响着他们对商品的选择，男性消费者粗犷、大方，购买商品时，往往对有明显男性特征的商品感兴趣，如烟、酒和某些服装等。

> **案例3　如何理解"女人心海底针"**

女性自我意识的觉醒早在 20 世纪 90 年代就开始了，过去对"勤俭持家""贤良淑德"这样标签的执念在如今这个时代仿佛成为一种落后的价值观。据有关数据统计，我国城市女性就业比例近 70%（远高于日本、韩国，也高于美国、英国、法国等发达国家），较高的就业比例意味着城市女性有独立经济来源，对应有更强的消费能力。有数据显示，目前内地女性消费市场总值超过 2 万亿元人民币，更有望在 5 年内翻倍，女性消费将是未来消费增长的主力军。

从电商平台发布的权威数据来看，在 2017 年一年女性的消费数据中发现，女性的成就感和满足感表现为对自我价值的追求。现代的女性已更加独立、自由、放松，更加关注自我的提升与修养，总而言之就是更加"精致"。

例如，女性对健身的关注，不仅是对健康的重视，更是一种对自身的高标准要求与自律性的体现。同时，也说明越来越多的女性对自己的时间支配更加自由，留时间给自己做自己想做的事。根据大数据挖掘显示，在运动装备方面，女性消费大幅度增长。2017 年购买"跑步全套装备"的女性消费者增长 1 389%，购买"随身健身装备"人次达 580 万，"瑜伽裤""运动耳机"这样的健身用品消费也在增加。

此外，女性对自己外在仪容的投入也呈增长态势。据数据显示，近一年购买 12 只包以上的女性消费者超 35 万人次。花大价钱背上一款名牌包不仅是女性虚荣心的满足，更是对自我努力创造的价值的一种肯定。

除包外，女性最愿意收集的就是"口红"。数据显示，近一年购买 5 支以上口红数量的女性消费者超过 300 万人次。女性买到一支难买的色号就和男性买到限量版球鞋一样，会瞬间感到成就感。

【启示】女性消费者掌握着家庭消费的财政大权，企业营销只要正确理解女性消费者心理，了解该群体真正的需要，就能找准营销的重点。

营销活动 80% 是科学与经验，20% 是艺术与创意。市场是实践者的天地，而非狂想者的乐园。

——联纵智达咨询集团董事长、首席营销顾问　何慕

练习与实训五

一、选择题

1. 消费者希望加入而尚未加入的群体是（　　　）。

A. 所属群体　　　　B. 参照群体　　　　C. 临时群体　　　　D. 自觉群体

2. "泼水节"属于（　　　）。

A. 国家亚文化　　　B. 地区亚文化　　　C. 民族亚文化　　　D. 宗教亚文化

3. 影响消费的最主要因素是（　　　）。

A. 群体因素　　　　B. 文化因素　　　　C. 经济因素　　　　D. 家庭因素

4. 具有求新、求名消费心理的家庭是（　　　）。

A. 单亲家庭　　　　B. 核心家庭　　　　C. 直系家庭　　　　D. 联合家庭

5. 追求时尚，崇尚超前消费的消费者是（　　　）。

A. 少年期消费者　　B. 青年期消费者　　C. 中年期消费者　　D. 老年消费者

6. 购买特殊用品积极执着的人是（　　　）。

A. 中年　　　　　　B. 男性　　　　　　C. 女性　　　　　　D. 少年

7. 下列（　　　）不属于老年人的消费心理及其表现的是（　　　）。

A. 求实、求廉　　　B. 注重商品的外观　C. 习惯性消费　　　D. 理性为主导

8. 下列不属于女性消费者购买心理的是（　　　）。

A. 注重商品的实用性　　　　　　　　B. 情感色彩较重

C. 较强的自我意识　　　　　　　　　D. 注重内外价值的统一

9. 下列不属于老年消费心理的是（　　　）。

A. 习惯性心理　　　　　　　　　　　B. 求实求廉心理

C. 理性为主导　　　　　　　　　　　D. 注重商品的实用性

10. 同事、同学、密友这类交往比较频繁的群体属于（　　　）。

A. 所属群体　　　　B. 参照群体　　　　C. 回避群体　　　　D. 自然群体

二、判断题（正确的打"√"，错误的打"×"）

1. 少儿消费者具有追流行时尚的消费心理。　　　　　　　　　　　　（　　　）

2. 在超市购物的消费者就是一个群体。　　　　　　　　　　　　　　（　　　）

3. 群体暗示越直接则效果越好。　　　　　　　　　　　　　　　　　（　　　）

4. 新婚期消费者具有明显的追求时髦和奇特的消费心理。　　　　　　（　　　）

5. 女性消费者购买日常用品积极执着。　　　　　　　　　　　　　　（　　　）

6. "包装商品"是指装于包装容器内的商品。　　　　　　　　　　　　（　　　）

7. 女性消费者对商品爱挑剔、爱选择。　　　　　　　　　　　　　　（　　　）

8. 心理学上研究的女性消费者包括各个年龄段的所有女性。　　　　　（　　　）

9. 男性消费者注重商品的实用性。　　　　　　　　　　　　　　　　（　　　）

10. 核心家庭的消费心理大多时候保守、随大流。　　　　　　（　　）

三、简答题

1. 简述少年消费心理特点和销售心理策略。

2. 简述青年消费者心理特征。

3. 简述中年消费者心理特征和策略。

4. 简述女性消费者心理特点及销售心理策略。

四、实训题

某天，某老年服装店里来了四位消费者，从他们亲密无间的关系上可以推测出这是一家人，是专为其中的老先生来购买衣服的。老先生面色红润、气定神闲、怡然自得，手拉一位十来岁的小男孩走在前面，后面是一对中年夫妇。中年妇女转了一圈，很快就选中了一件较高档的上装，要老先生试穿，可老先生不愿意，理由是价格太高、款式太新，中年男子说只要合适，价格不是问题。可是老先生并不领情，脸色也有点难看。销售人员见状，连忙说："老先生可真是好福气，儿孙孝顺，您就别难为他们了"。小男孩也摇着老先生的手说："好的好的，就买这件好了。"老先生说："小孩子懂什么好坏。"但脸上已露出了笑容。销售人员见此情景，很快将衣服包好，交给了中年妇女，一家人高高兴兴地走出了店门。

试分析：① 案例中的家庭其类型结构属于哪一种？

② 在消费过程中，各家庭成员分别扮演了什角色？

项目六 商品因素与消费者心理

知识要点

◎ 商品命名的心理功能及心理策略

◎ 商品品牌与商标的含义及相应的心理策略

◎ 商品包装的功能及心理策略

◎ 商品价格对消费者心理的影响及商品调价的心理策略

能力要点

◎ 简单运用商品命名的方法与原则对商品进行命名

◎ 掌握商品包装的类型，并能运用相应的心理策略

◎ 熟练掌握商品价格变化的方法和技巧

据悉，元气森林于11月9日设立的"老猛了（北京）饮料有限公司"已完成工商注册登记手续，并取得了营业执照。

事件一经曝出，立刻引发网友热议。

这起名的随意程度简直了！也让人不由地想到最近扎堆玩"名字梗"儿的知名企业们：前有B站注册商标"呵呵呵"，后有可口可乐×蒙牛合资成立"可牛了"乳品公司。

"猛"可以引申为元气森林气泡很足，口感带劲儿。口感之外，元气森林这些年的销售表现也完全配得上这个"猛"字——作为一个饮料大红海的"挑战者"，元气森林仅仅用了三年的时间便实现了40亿美元的市场估值。去年"618"更是以226万瓶饮料的惊人销量，拿下了水饮品类的TOP1。至此一发不可收拾，2019年"双11"，元气森林在全网销量中排名第二，超越可口可乐、百事可乐；到了今年的天猫"618"，元气森林力压业界大佬可口可乐和百事可乐，蝉联天猫饮品品类的NO.1。在刚刚过去的2020年"双11"活动中，元气森林超越长年"霸榜"的国际品牌，同时斩获天猫和京东水饮品类销量第一，推出的新品夏黑葡萄味苏打气泡水更是两度售罄。

元气森林并不是那种循规蹈矩地做产品的企业，大胆创新才是他们的品牌底色。元气森林的创新点不仅仅是在产品上，更体现在其对于传统市场理念的突破性认知。在所有品牌都对"年轻化"概念趋之若鹜的当下，他们并没有陷入如何去定义"年轻化"的概念误区。跟年轻人对话，跟年轻人玩在一起。想要品牌年轻化，那就先做个年轻人。大胆地把新公司命名为"老猛了"，不仅仅是出于网感好、利于传播的考虑，更是元气森林会玩、敢玩的少年心性的展现。元气森林从名字开始融入年轻群体，全方位地做年轻人喜爱的品牌。

在购买过程中，商品的名称、商标、包装和价格等因素直接作用于消费者的感觉器官中，使消费者受到深刻的消费刺激。根据消费者的心理特点采取适当的命名、商标、包装和价格心理策略，同时利用品牌效应促进其消费，是企业确定市场营销策略组合的重要组成部分。

任务一　商品命名与消费者心理分析

6.1.1　商品命名的心理功能

1. 商品名称的含义

商品名称即生产企业赋予商品的称谓。在现实生活中，消费者对商品的认识和记忆不仅依赖于商品的外形和商标，还要借助一定的语言文字，即商品的名称。在接触商品之前，消费者常常以自己对特定名称的理解来判断商品的性质、用途和品质。由此可见，商品名称具有"先声夺人"的心理效应。因此，企业有必要研究商品命名的心理功能，给商品起一个恰当的名字。

2. 商品命名的心理功能

商品命名的心理功能主要有以下四个方面。

（1）名实相符，即商品的名称要与商品的实体特性相适应，使消费者能通过名称迅速概括商品的主要特性，了解商品的基本效用，加速消费者认识和了解商品的过程。例如，"鲜橙多"（如图 6-1 所示）"热得快"等。

（2）引人注意。商品命名应对产品有恰当的形象描述，即根据商品适用范围内消费者的年龄、职业、性别、知识水平等所产生的不同心理要求进行商品命名，使消费者对商品产生良好的印象。例如，"老头乐""娃哈哈"（如图 6-2 所示）。

图 6-1　鲜橙多

图 6-2　娃哈哈

（3）便于记忆。通过音、形、意的有机结合，创造言简意赅、易读易懂的商品名称。例如，"舒肤佳"（如图 6-3 所示）"乌发宝""万家乐"（如图 6-4 所示）等。

图 6-3　舒肤佳

图 6-4　万家乐

（4）引发联想。商品名称应具有一定的暗示效应，可引发消费者美好的联想，从而刺激其购买欲望。例如，可口可乐公司的"Spirite"饮料，中文译名为"雪碧"，使中国消费者联想到白雪碧水，遂产生一种清爽宜人的感觉。

6.1.2 商品命名的原则

企业在为商品命名时可遵循"AIDMA 法则"，即 Attention（引人注目）、Interest（发生兴趣）、Desire（激起欲望）、Memory（留下记忆）、Action（开展行动）（如图 6-5 所示）。"AIDMA 法则"的原则是在设计时，要对受众及希望促使他们进行什么样的行为有充分的认识。

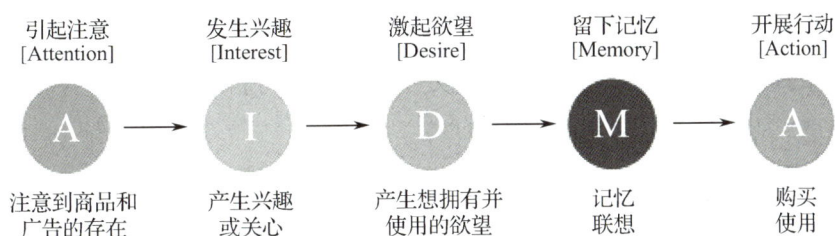

引起注意 [Attention]	发生兴趣 [Interest]	激起欲望 [Desire]	留下记忆 [Memory]	开展行动 [Action]
Ⓐ →	Ⓘ →	Ⓓ →	Ⓜ →	Ⓐ
注意到商品和 广告的存在	产生兴趣 或关心	产生想拥有并 使用的欲望	记忆 联想	购买 使用

图 6-5 "AIDMA 法则"

商品命名在具体执行时应注意以下五个方面。

1. 商品名称要尽量简单、易记忆，能激发兴趣

例如，我国著名品牌"娃哈哈"，就使用了最容易发音、识别的汉语词汇。而另一食品品牌"喜之郎"因为其朗朗上口的商品名称而被消费者喜爱（如图 6-6 所示）。

图 6-6 喜之郎

2. 商品名称要与商品本身的特性或基本效用相符合，帮助消费者迅速掌握商品的主要性能

例如，"感冒清"胶囊是医治感冒的药品；"洗涤灵"是清洗用具等的洗涤剂。

3. 商品名称要有较强的传播力

例如，"可口可乐"因为其易读、易认、易上口、易传播而成为饮料中的霸主。

4. 商品名称要有较强的亲和力，能激发消费者的联想

例如，乐百氏（Robust）纯净水，其汉语含义是让大众（百氏）使用之后会高兴，而其英语含义则是"精力充沛的、充满活力的"。有如此好的含义，再加上产品质量过硬、营销得力，不愁消费者不喜爱。

5. 商品名称要避免触及禁忌

"金狮"领带的老板为推销其产品到处赠送领带，但不知何故朋友们都婉言相谢，拒不接受。后来老板醒悟到：广东方言把"金狮"读成"净输"，这样，人们当然就不愿意要了。将商标改为"金利来"这个吉祥的名字后，领带则大受欢迎。看来名字的谐音情

况有时不仅要考虑普通话，而且还要考察方言乃至某些相关的外国语。因此，为产品取名时要充分考察消费人群的文化背景、宗教信仰和民族习俗。例如，高端汽车品牌宝马、奔驰等，其中文译名就充分考虑了中国人的文化背景和追求吉祥的理念，并将中国古典文化和中国人追求吉祥的信仰巧妙地融合，宣传效果显著。

➥ 6.1.3　商品命名的方法与心理策略

商品命名的方法与心理策略有很多，大致可以归纳为以下几种。

1. 以商品的主要效用命名

这种命名方法多用在日用工业品和药品等商品的命名上。其特点是以精练的语言文字，直接反映商品的用途和特点，突出商品的本质特征，使消费者能够一目了然地了解商品，加速对商品的认识。例如，"护肤霜"是保护皮肤的脂粉；"去污粉"是去除污垢用的粉剂；"锁边器"是缝纫衣服边缘的机器等。

2. 以商品的主要成分命名

这种命名方法的主要特点是突出了商品的主要成分及主要材料，可以有效吸引消费者的注意，便于消费者根据自己的情况，选择自己实际所需要的商品。例如，"奶油蛋糕"由奶油和鸡蛋、精面粉制作而成。消费者从名称上了解了商品的原料构成，就可根据自己的身体状况，决定是否购买。如果商品命名中使用了众所周知的名贵材料，更能给人以名贵感。例如，人参蜂王浆，从商品名称上就可知道它是由名贵的中药人参和高级滋补品蜂王浆为主料配制而成的。

3. 以商品的外形命名

这种命名方法具有形象化的特点，能够突出商品的优美造型，可以引起消费者的注意和兴趣，迎合消费者爱美的心理需要。例如，月饼、动物饼干、半圆仪、三角板、鸭舌帽等。采取这种命名方法，做到了名称和形象相统一，使人产生强烈的立体感，从而加深对商品的印象和记忆。特别是小食品、儿童食品，如果以商品的外形命名，名称和实物相统一，就加快了儿童认识事物的速度，可以迅速激起儿童的购买欲望。

4. 以商品的产地命名

这种方法常用在颇具名气或颇具特色的地方土特产的命名上。在商品名称前面冠以商品产地，以突出该商品的地方风情、特点，使其独具魅力。例如，云南白药、金华火腿、北京烤鸭、汾酒、苏绣等。这种命名方法符合消费者求名、求特、赏新的心理，可以增加商品的名贵感和知名度，使消费者买到货真价实的特色商品。

案例 1	我国的地理标志产品

地理标志产品是指产自特定地域，所具有的质量、声誉或其他特性本质上取决于该产地的自然因素和人文因素，经审核批准以地理名称进行命名的产品。它具体可包括两方面，一是来自该地区的种植、养殖产品；二是其原材料全部来自该地区或部分来自其他地

区，并在该地区按照特定工艺生产和加工的产品。目前，中国受到地理标志产品保护的近千个产品涉及白酒、葡萄酒、黄酒、茶叶、水果、花卉、工艺品、调味品、中药材、水产品、肉制品等，产地范围涵盖了全国30个省、自治区、直辖市。例如，河南省的仰韶酒、信阳毛尖、河阴石榴、洛阳牡丹、新郑大枣、灵宝苹果、道口烧鸡等。地理标志保护制度正在成为保护地理标志知识产权、提升特色产品质量、促进区域经济发展和对外贸易的有效手段，并发挥着越来越大的作用。

【启示】地方特色和地域风情使商品独具个性魅力。

5. 以人名命名

这种方法是指用发明家、创造者的名字给商品命名的方法。这种方法能够借助语言文字，使特定的人和特定的商品建立起直接联系，容易引起消费者的记忆、联想、敬慕，能够借物思人，因人化物，使商品在消费者心中留下深刻的印象。此外，这种命名方法还可以给人以商品历史悠久、工艺精良、正宗独特、质量上乘等印象，诱发消费者购买商品的积极性。这种命名又可分为以下三种。

（1）以历史名人命名。例如，中山装、东坡肘子等。

（2）以历史传说人物命名。这种方法往往可以增加商品的传奇色彩。例如，杜康酒，就是以传说中的人物杜康命名的。

（3）以产品首创者名字命名。例如，"王守义十三香""章光101毛发再生精"等，都是以首创者的名字命名的。

6. 根据商品的制造方法和制造过程命名

这种方法也是经常被采用的命名方法，它可以使消费者从商品的名称中了解其制作方法和某些特殊的制造过程，由此提高商品在人们心目中的信任感，满足消费者求知的需要。例如，"101生发精""220红药水""二锅头"等。

7. 以外来词命名

这种方法常用在进口商品的命名上。这种方法既可以克服某些外来语翻译上的困难，又能适应消费者求新、求奇、求异的心理要求。例如，"沙发""咖啡""可口可乐""凡士林"等，都是以外文译音命名的。

8. 以美好形象的事物或形容词命名

例如，修车工具"千斤顶"能够力顶千斤，"百岁酒"暗示消费者此酒具有延年益寿的功效，这种命名方法可以暗示消费者商品的性能和质量。

另外，在我国中药的命名中，有些动物、植物可憎可怕，让人厌恶，但药效极好，考虑病人的心理，命名时避免了对病人的不良心理影响。例如，蚯蚓——地龙；壁虎——天龙；蝙蝠粪便——夜明砂；尿碱——人中白。这些美妙的名称，给消费者留下了美好的印象，拉近了消费者与商品的距离。

总之，无论采取何种命名方法与策略，都要注意使名称与商品的某些特性保持内在联系，这样才能引起消费者的注意和联想。

任务二　品牌与消费者心理分析

➥ 6.2.1　品牌的含义

品牌（Brand）是一种识别标志、一种精神象征、一种价值理念，是品质优异的核心体现。培育和创造品牌的过程是不断创新的过程，企业自身有了创新的力量，才能在激烈的竞争中立于不败之地，继而巩固原有品牌资产，多层次、多角度、多领域地参与竞争。

品牌指公司的名称、产品或服务的商标，与其他可以有别于竞争对手的标志、广告等一起构成公司的无形资产。

➥ 6.2.2　品牌与商标

1. 商标的含义

商标是商品的标志，它是商品生产者或经营者为使本企业商品与其他企业商品相区别而采取的一种标记，一般由文字、字母、图形、数码、线条、颜色及其组合构成。在现代企业的资产构成中，商标已被公认为极其重要的无形资产。享有良好声誉的知名商标，其价值甚至远远超过企业的有形资产。

2. 品牌与商标的关系

品牌与商标是两个不同的概念。品牌是产品的牌子，商标是商品的标志，二者既有联系又有区别，具体关系如表6-1所示。

3. 商标的心理功能

（1）识别功能。商标是商品的一种特定标志，它有助于消费者在购买商品过程中，辨识并挑选他们所需要、所喜好的商品。同时，消费者可以通过商标来了解、记忆商品的生产经营单位，以便得到相关的服务。

表6-1　品牌与商标的区别

商　标	品　牌
文字、图形、颜色等组合	消费者对于该商品所有认知的总和
需要注册	需要塑造、培育、经营
法律概念	市场概念
主体是企业	主体是消费者
看得见	看不见
自身不能增值	增值主要体现在附加值部分
注册周期12~18个月	日积月累，需要漫长过程
可以注册	不可以注册

（2）保护功能。商标一旦在国家商标局注册后就受到法律的保护，任何假冒、伪造商标的行为都要受到法律的制裁。商标受法律保护的功能是非常重要的，它不仅维护了制造商和销售商的经济利益和企业形象，而且让消费者在购买和使用商品时有一种安全感和信赖感，从而可以促进商品的销售。

（3）提示和强化功能。当消费者存在某种需要时，商标的提示效应可以使消费者对商品产生偏好，从而影响消费者的购买决策，最终促成购买行为，这就是商标的提示功能。消费者使用该商品后如果感觉良好，那么这种好感就会加深消费者对商标的印象，从而使消费者在以后对这种商品的购买变成一种理性的购买或习惯性购买；反之，一个与消费者心理不符的商标，会强化消费者对商品的摒弃心理。这就是商标的强化功能。

↘ 6.2.3　商标设计的心理策略

商标设计体裁多样、构思灵巧，可谓千姿百态、变化万千。但千变万化总有一定之规，那就是消费者对设计的心理尺度：简洁明了，易读、易记、易理解，鲜明醒目，别致新颖，美好善良。在实践中，商标设计具有很大的灵活性，可以采用文字、符号、图形及其组合等多种表现形式和手法。但需指出，精良的商标要充分考虑商品的特色和消费者心理，应将丰富的信息浓缩于方寸之间，最大限度地发挥出应有的感召力。

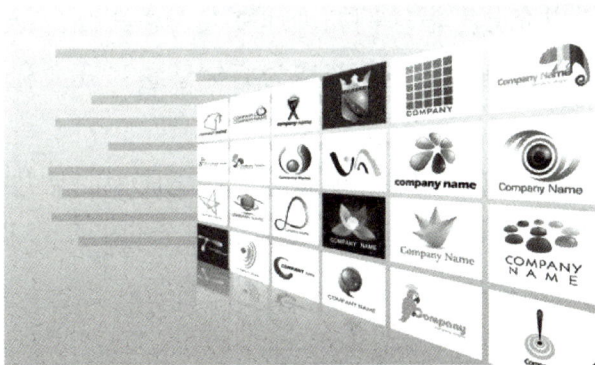

1. 商标设计要个性鲜明，富于特色

商标是用于表达商品独特性质，并与竞争者商品相互区别的主要标志。为使消费者能够从纷繁多样的同类商品中迅速找到自己偏爱的品牌，商标设计应注意强调个性，突出特色，显示独有的风格和形象，使之明显区别于其他同类产品商标。例如，江苏红豆制衣集团以"红豆"作为商标，突出了中国源远流长的传统文化特色，显示了睹物思人、情意深重的浓厚感情色彩，从而在众多的服装品牌中脱颖而出，一举成名，并引起同属东方文化的日本、东南亚等国消费者的强烈共鸣，成功地打入了异国市场。

2. 商标设计要造型优美，文字简洁，具有艺术性和美学价值

除法律规定不能用作商标的事物外，商标的题材几乎可以取自宇宙万物。自然界中的飞禽走兽、花鸟虫鱼、名胜古迹、山川湖泊，以及人类创造的文学艺术成果，均可成为商标的题材。同时，现代消费者不仅要求商标具有明确的标示作用，而且追求商标的美学价值。因此，设计商标时，应力求造型生动优美，线条明快流畅，色彩搭配和谐，富于艺术

感染力，以满足消费者的求美心理，使其对商标及商品产生好感。例如，"雪花牌"冰箱采用富于艺术性的自然物象"雪花"作为商标，生动逼真，使消费者一目了然。

3. 商标设计要具有时代气息，反映社会发展的潮流趋势

商标与时代特点相呼应，甚至被赋予一定的社会政治意义，有时可以收到很好的效果。例如，天津毛纺厂生产的"抵羊"牌毛线，最初是因"抵制洋货"而得此商标。由于符合时代潮流，顺应了特定历史时期消费者的民心民意，因而成为名牌，且历经几十年而不衰。

4. 商标的设计应与商品本身的性质和特点相协调

当人们在炎热的夏季看到"北冰洋"的商标，立刻会联想到降温解暑的汽水饮料，这个商标给人以凉爽舒适的感觉。"奔驰"商标可使消费者联想到高档汽车的卓越性能：奔驰如飞。相反，我国南方某鞋厂，把秀美别致的女鞋商标设计成"大象"牌，给女性消费者以粗大笨重的感觉，自然影响商品的销量。

5. 商标设计应遵从法律规定，顺应不同国家、民族、宗教、地域消费者的心理习惯

各国商标法都明文规定了不允许注册为商标的事物，如国徽、国旗和国际组织的徽章、旗帜、缩写等。因此，在设计商标时，必须严格遵守有关法律规定。此外，由于不同国家、民族、宗教、地域的消费者有着不同的心理习性，从而产生了很多不同的偏好和禁忌，在设计商标时也应予以充分考虑。例如，加拿大人忌讳百合花，喜爱枫叶图案；日本人视荷花为不洁之物；而意大利人则把菊花作为商标禁忌；澳大利亚人忌讳兔子，喜爱袋鼠图案。

总之，优秀的商标设计应符合以上心理策略，使之成为商品乃至企业的象征，给消费者留下深刻而美好的印象。

➤ 6.2.4 商标使用的心理策略

有了成功的商标设计，却不会巧妙地运用商标，那么，商标的潜在功能就不能得到很好的发挥。因此，商标在使用过程中应注意下述心理策略。

1. 是否需要使用商标

使用商标对大多数企业来说，无疑会起到积极的促销作用。但是，现实生活中并非所有的商品都要使用商标。因为一旦决定使用商标，就要投入大量的人力、物力、财力，如果达不到预期效果，就会给企业造成损失和浪费。因此，企业要认真考虑商标使用的必要性，有些情形下，可以不使用商标。

（1）商品本身并不因为制造者不同而有不同的性质和特点。如电力、钢材、煤炭、木材等，它们属于无差别商品，只要品种、规格、型号相同，商品的性质和特点就相同，在这种情况下，商品就可以不使用商标。

（2）一些日常生活必需品，消费者没有根据商标购货的习惯。因此，也可以不使用商标。

（3）一些临时性生产的一次性产品，也可以不使用商标。

2. 统一商标策略

所谓统一商标，是指企业生产的商品都使用同一商标，即同一商标的商品系列化。统一商标的好处有：可以强化消费者的商标意识；缩短消费者认识新商品的时间；节约商标设计、制作和使用费用。特别是那些已经在消费者心目中树立起良好形象的商标，企业使用统一商标策略作用更大。例如，海尔集团以高品质的"海尔"冰箱打开市场，得到消费者认可后，陆续推出空调、洗衣机等系列产品，均顺利进入市场。但在企业统一商标的过程中，有时不易突出新产品的性质特点，如果其中某一两个商品质量不过关，还会影响全部商品信誉，造成损失。因此，统一商标有一定的风险。

3. 使用独立商标策略

所谓独立商标策略，就是对不同的商品使用不同的商标。如果企业生产的产品种类多，各种产品之间又没有必然的联系，技术要求也不同，则可以考虑采用独立商标策略。这种策略可以有效地表达不同产品的性能和特点，使之适应不同消费者的习惯和心理要求，有利于维护其名牌产品的地位和信誉。

任务三 商品包装与消费者心理分析

➥ 6.3.1 商品包装的功能

无论是在超级市场还是百货商店，我们都可以看见琳琅满目、品种繁多的商品，毫无疑问，外形美观、式样各异的包装也在吸引着我们的注意力。

著名的化学公司——杜邦公司的营销人员经过周密的市场调查后，发现了杜邦定律：63%的消费者是根据商品的包装完成购买决策的，到超级市场购物的家庭主妇由于受到精美包装的吸引，所购物品通常超过她们出门时打算购买数量的45%。

国内也有一项调查发现：一个随意走进商场的消费者在浏览货架的过程中，在每件商品上目光平均只停留不足0.5秒的时间，而53%的购买行为却是在浏览时产生购买动机的。毋庸置疑，要使商品在这么短的时间内吸引消费者，并使其对商品进行进一步的了解或产生购买行为，商品的包装起着至关重要的作用。

商品包装的最初功能是承载和保护商品。随着人们生活水平和审美情趣的提高，消费者对商品包装的要求也越来越高，不仅要求商品包装能够妥善保护商品，而且要能够美化商品，有效地展示其特性，增加商品的附加价值或心理功效，实现包装的实用化、艺术化和个性化。同时，随着科学技术的进步和新材料的广泛应用，商品包装的手段和方法日趋多样化，从而为充分发挥其心理功效提供了更为广阔的前景。正因如此，包装被称为"沉默而极具说服力的推销员"。

1. 识别功能

商品包装已经成为产品差异化的基础之一。一个设计精良、富于美感、独具特色的商品包装，会使其商品在众多商品中脱颖而出，以其独特的魅力吸引消费者的注意并留下深刻印象，由此可以有效地帮助消费者对同类商品的不同品牌加以辨认。同时，包装上准确、详尽的文字说明，有利于消费者正确使用商品。

案例 2　宝洁一大特色——妙用包装的识别功能

提起中美合资的广州宝洁有限公司，相信大家都不陌生。该公司特别重视商品包装的识别功能，具体是这样做的：它在中国市场上推出的三大洗发水品牌中，"飘柔"采用绿色包装，给消费者以青春靓丽的感受，突出其柔顺飘逸的个性；"海飞丝"采用海蓝色，使人备感凉爽清新，因而突出了其去头屑的产品功能；"潘婷"则采用杏黄色包装，给人以营养丰富的视觉效果，也极大地突出了其产品个性。

【启示】醒目独特的包装，不仅能使商品在消费者心目中树立起独特的形象，提高"辨识度"，同时还能有效地使之区别于其他竞争产品，取得良好的经济效益。

2. 便利功能

牢固、结实、适用的商品包装，可以有效地保护商品；安全可靠的包装，有利于商品的长期储存，延长商品的使用寿命；开启方便的包装，便于消费者使用。总之，根据实际需要，设计合理、便利的商品包装，能够使消费者产生安全感和便利感，方便消费者购买、携带、储存和消费。

3. 促销功能

商家通过不断改进包装的外观、色彩等因素，给消费者带来方便，并满足消费者不同的心理需要。心理学研究表明，包装的外观图案确实能够影响消费者的认知和购买行为。

案例 3　卫龙"辣条粽子"

端午节马上要到了，辣条界最会营销的卫龙推出了一款名为"一辣爆红"的辣条粽子，从此粽子不止有咸甜之分，还有辣味加入。这款辣条粽子满足了辣条爱好者的需要，再看其包装设计也富有时尚感，高大上的礼盒简直让人忍不住想立即购买。

卫龙的成功并非偶然，它深谙用户群体的喜好，对消费群体也有一个明确的定位：喜欢休闲娱乐、游戏及二次元的年轻人。卫龙这款"一辣爆红"礼盒，外包装以简洁的红

白为主，其中又包括六款独立的内盒，分别以黑红为主色调进行拼接，突出了炫酷视觉感，令人联想到卫龙辣条早期的经典包装。不同的盒面分别印刷了不同的图案，通过排列组合可以拼凑成几款萌趣主题图片，包括以粽子为形象的逗趣小人、辣椒小课堂及诸如社会人之类的网络热词，使产品整体透露出一种轻松活泼的感觉。

【启示】包装是"无声的推销员"。企业对商品包装外形的设计应更符合消费者心理，应充分考虑消费者的消费偏好和使用习惯。

4. 联想功能

好的商品包装能够使消费者产生丰富的想象和美好的联想，从而加深对商品的好感。例如，"双沟青花瓷"以青花瓷瓶为包装，配以白色底色，使消费者产生古朴典雅、底蕴厚重的感觉，消费者在耳濡目染中国优秀传统文化的同时，产生浓厚的购买欲望。此外，商品包装高雅华贵，可大大提高商品档次，使消费者感到受尊重，并满足其自我表现等心理需要。

案例4　绿色包装

"绿色包装"这一概念要求企业在包装商品的过程中，既要努力降低其包装费用，又要考虑包装废弃物对环境的污染程度。目前，国际商界正在兴起一种称为"绿色包装"的纸包装袋。纸袋的主要成分是天然植物纤维，它能被微生物分解，不易造成污染，而且可以进行回收再利用，避免了资源的浪费，保护了森林资源。还有一些专家从仿生学的角度试图研究一些与橘子皮、鸡蛋壳有类似功能的"天然"包装物仿制品，探索一条"绿色包装"的新路。

【启示】在现代消费生活中，消费者有着极强的求新、求美、求异的心理。企业在制作商品包装时应采用新材料、新技术、新式样，赋予商品浓厚的时代特色，同时满足消费者较高层次的心理要求。

➷ 6.3.2　商品包装设计的要求

商品包装要获得广大消费者的认同和喜爱，不仅需要结合化学和物理学等科学原理对其进行设计，还必须结合心理学、美学、市场营销学等基本知识，特别要充分利用包装外观形象，满足消费者对包装及其内容的设计要求。

（1）包装造型美观大方，图案生动形象，具有强烈的美学效果，避免与竞争者同类产品的包装雷同，要采用新材料、新图案和新形状，做到引人注目。

（2）产品包装应与产品的价值或质量水平相配合，根据产品品位和单位产品的价值及消费者的购买要求确定包装的档次。

（3）包装要能够直接向消费者展示产品的特点和独特风格，一般可选择透明的包装材料开天窗式包装，或者在包装上印有彩色图片。

有人做过这样一个简单的实验：把相同质量的芦笋分别装于透明的玻璃瓶和不透明的

罐子内，且前者的销售价格比后者略高，消费者倾向于购买哪种芦笋呢？结果是：尽管二者质量相同，但是消费者更愿意购买的是用透明瓶子盛装的。这个实验说明了让消费者直接感知商品真实情况的重要性。

（4）包装设计要能够增加消费者的信任感并指导其消费。

（5）包装设计要适应不同民族的风俗习惯、宗教信仰、价值观念和心理上的需要。

（6）包装的造型和结构应考虑使用、保管和携带方便。

➥ 6.3.3 商品包装的类型与心理策略

商品包装作为参与市场竞争的手段之一，其作用已越来越为人们所认识。企业如何通过包装的不同形式来吸引消费者的注意，诱发他们的情感和激发他们的购买欲望，是企业必须予以足够重视的问题。因此，根据消费者的不同心理要求，在进行包装设计时，就应注意灵活运用包装策略。

1. 针对消费者消费水平设计商品包装，可采用以下六种策略

（1）等级包装策略。首先将同类商品划分为高、中、低档，然后相应设计不同档次的包装，不同档次的包装在材料选用、设计风格、制作工艺等方面都有一定的差异，使不同收入水平的消费者心理都能得到满足。

（2）复用包装策略，即按照两种或两种以上用途设计商品包装。包装不仅可以盛装商品，而且，取出商品后还可以作为玩具、容器、工艺品等来使用。这种包装策略迎合了某些消费者一物多用的心理，具有较强的促销功能。

（3）特殊包装策略。选用名贵木材、金属、锦缎等上乘材料，对名贵中药材、珍稀艺术品、古董字画等特殊商品进行包装，使包装本身也成为一件货真价实的艺术品。这种策略可以充分显示商品价值，满足消费者的炫耀心理。

（4）礼品包装策略。对于用于送礼的商品，应设计色彩鲜艳、装饰华丽的包装，有助于突出热烈欢快的喜庆气氛，充分显示送礼人的情谊，并为接受礼品者所喜爱。

（5）简易包装策略。在保证包装基本功能的前提下，尽量采用价格低廉的包装材料，设计结构简单的包装。这种包装策略适应一般消费者求实、求廉的心理，可用于普通家用消费品的包装。

（6）赠品包装策略。在包装物内放上一两件免费赠送的小礼品，如玩具、图片、化妆品、小摆设等，可以较好地满足少年儿童及女性消费者求奇、求利的心理，对商品具有一定的促销作用。

2. 针对消费者消费习惯设计商品包装，可采用以下五种策略

（1）惯用包装策略。对于消费者长期使用、已形成固定形式的商品包装，如鱼、肉罐头用铁盒包装，水果罐头用玻璃瓶包装，鞋帽用纸盒包装等，应当坚持，以便消费者确认，也易于使消费者产生信赖感。

（2）分量包装策略。按照消费者对商品一次使用量来设计包装的做法，如快餐食品

的一人用、二人用、三人用等规范化的包装。分量包装具有很强的实用性，非常方便消费者使用，同时也可以配合新产品的促销。

（3）配套包装策略。将具有相同用途的不同种类商品组合在一个包装物内，如婴儿服饰的配套包装，家庭常备药品的配套包装，儿童玩具的配套包装等。恰当、合理的配套包装，能够较好地适应消费者的求便心理，便于消费者购买与使用商品。同时，配套包装还可以用于礼品。

（4）类似包装策略。对于本企业生产或销售的商品都采用完全相同或非常相似的包装，这有助于培养企业与消费者之间的感情。

（5）纪念品包装策略。这特指为在旅游地点销售的纪念品进行特殊包装设计的做法，一般应制作精良、突出地方特色，并便于携带。

3. 针对不同性别、年龄的消费者心理进行商品包装的设计，有多种策略可以采用

（1）男式包装策略。对于男性消费者使用的商品，包装设计应符合男性消费者的心理要求。一般来说，包装色彩应以黑、灰色等厚重颜色为基调，包装造型要刚劲、挺拔、粗犷，装饰应力求简洁，线条要粗重，以体现成年男性的成熟与稳健。

（2）女式包装策略。女性消费者要符合其较强的求美、求新和追求时尚的心理。因此，女式包装应与男式包装具有鲜明的对比性，包装造型要精巧，线条要柔和，色彩要明快，总之，要美观漂亮并且体现时代特色。

（3）老年包装策略。对于主要是老年消费者购买与使用的商品，包装设计要适应老年人求实、求便心理和传统消费习惯，包装造型结构宜简单，要避免过多的装饰，尽量采用传统风格的色彩与图案，有关文字说明要全面、详细、真实。

（4）青年包装策略。青年人求新、求变、求奇心理比较普遍。因此，设计青年用品包装时要注重科学性与时代感，要注意运用科技新成果，在包装材料、方式、制作方法等方面都要力求先进，以吸引青年人的注意与喜爱。

（5）少年儿童包装策略。少年儿童具有强烈的好奇心与求知欲，模仿能力强但辨别能力弱。因此，在少年儿童用品包装设计上要将知识性、科学性、趣味性、美观性有机地结合在一起，使他们在使用商品过程中增长知识、陶冶情操。

总之，成功的商品包装设计，既能满足消费者的生理需要，又能满足其心理需要。这是一种复杂的，具备艺术性、创造性的劳动，应结合商品特点和主要销售对象的特点来设计，否则就不能完全发挥包装的功能，不利于提高商品的市场竞争力。

任务四　商品价格与消费者心理分析

6.4.1　商品价格对消费者心理的影响

商品价格是消费者每天都要直接或间接接触的经济现象，也是影响消费者购买心理和

行为的最敏感的因素之一。它像一只看不见的手，通过涨落波动，无形地影响着消费者的心理。企业研究价格心理的目的，就是要掌握消费者对价格及其变动的心理反应和活动规律，以制定既能符合消费者的心理要求，又能增加企业效益的合理的商品价格。

1. 衡量商品价值和商品品质

在现实生活中，消费者在选购商品时往往以商品的价值为尺度来判断是否应购买。所谓"一分钱，一分货""好货不便宜，便宜没好货"通常是消费者奉行的价格心理准则。

2. 自我意识比拟

商品的价格不仅表现其价值，在某些消费者的自我意识中还具有反映自身社会、经济地位的社会象征意义。一些消费者往往会把某些高档商品同一定的社会地位、经济收入、文化修养、生活情趣、生活观念等联系在一起，认为购买价格高的商品可以显示自己优越的社会地位、丰厚的经济收入和较高的文化修养；相反，使用价格便宜的商品，则不能带给自己心理上的优越感。

3. 调节消费者需要

商品价格的高低对消费者需要有调节作用。一般来讲，在同等条件下，当商品价格上涨时，消费需要量将减少；当商品价格下跌时，消费需要量会增加。但在市场经济发展中，商品价格对需要的影响，还受消费者心理等其他因素的影响。

↘ 6.4.2 消费者价格心理效应

1. 习惯性心理

习惯性心理是指消费者根据以往的购买经验和对某些商品价格的反复感知，来决定是否购买的一种心理定式。有些商品价格在长期的营销活动中，逐步形成某种程度的固定性，消费者对此已形成一种购买习惯，即形成买卖双方都能接受的习惯价格。

2. 敏感性心理

敏感性心理是指消费者对商品价格变动的反应程度。衡量价格敏感性的一个最常用指标是消费者的价格弹性。一般来讲，消费者对需要经常购买的日用品价格变动很敏感，而对购买次数少的高档消费品的价格变动反应比较迟钝。例如，油、盐、酱、醋上涨几角，消费者就会有强烈的反应，而高档电器上涨几十元甚至几百元却不会引起消费者太大的反应。

3. 感受性心理

感受性心理是指消费者对商品价格及其变动的感知强弱程度。它表现为消费者对于商品价格通过某种形式的比较所产生的差距，对其形成刺激的一种感知。消费者对商品价格可通过三种途径进行比较和判断：（1）与市场上同类商品的价格进行比较；（2）与购货现场不同种类商品的价格进行比较；（3）通过商品本身的外观、质感、重量、大小、包装、使用特点、环境气氛等进行判断。

4. 倾向性心理

倾向性心理是指消费者在购买过程中对商品价格的取舍态度。不同类型的消费者对商品的档次、质量、品牌要求不同，因而对商品的价格也往往具有明显的倾向性，表现为以某一价格决定是否购买或事先确定可接受的价格标准。这一特征与消费者的经济收入、购买经验和生活方式等有关。

5. 逆反心理

消费者对价格的逆反性是指消费者在某些特定情况下，对商品价格的反向表现。正常情况下，消费者总是希望买到物美价廉的产品，对于同等质量的产品总是希望价格更低。但有时，消费者则会产生逆反心理，认为"好货不便宜，便宜没好货"。市场上常有这种情况，某种商品打出折扣价格，无人问津；而一些高档消费品的价格一涨再涨，却仍然畅销。

6.4.3 商品定价的心理策略

1. 求新猎奇的"撇脂定价法"

这种定价方法是指在新产品进入市场的初期，利用消费者的"求新""猎奇"心理，高价投放商品，以期迅速收回成本，获得利润，以后再根据市场销售情况逐步适当降价。

这种定价方法的英文原意是在鲜牛奶中撇取奶油，先取其精华，后取其一般。先制定高价，利用消费者求新、求美、好奇心理，从市场上"撇取油脂"——赚取利润。当竞争者纷纷出现时，奶油已被撇走，再逐渐降价。

这种策略的好处是：（1）尽快收回成本，赚取利润；（2）高价可以提高新产品身价，塑造其优质产品的形象；（3）扩大价格调整的回旋余地，提高价格的适应能力，增强企业盈利能力。

这种方法也存在不足，如在一定程度上有损消费者的利益；在新产品被消费者认识之前，不利于开拓市场；还会因利润过高迅速吸引竞争者，加剧竞争而被迫降价。

2. "求实""求廉"的"渗透定价法"

这种定价方法与"撇脂定价法"相反，即在新产品进入市场初期，迎合消费者"求实""求廉"心理，低价投放新产品，给消费者以物美价廉、经济实惠的感觉，从而刺激消费者的购买欲望。待产品打开销路、占领市场后，再逐步提价。

采用这种策略的好处是：（1）迅速将新产品打入市场，提高市场占有率；（2）物美价廉的商品有利于企业树立良好形象；（3）低价薄利不易诱发竞争，便于企业长期占领市场。

这种策略的不足是本利回收期较长，且价格变动余地小，企业难以应付在短期内骤然出现的竞争或需要的较大变化。

3. 利用心理错觉的"尾数定价法"

这种方法是指保留价格尾数，采用零头标价，如0.98元，而非1元。尾数定价法应

用十分广泛。在美国，5美元以下的商品，习惯以9为尾数；5美元以上的商品，习惯以95为尾数。日本的家用电器价格习惯以50、80、90为尾数。我国的许多商品，常以8、88、98为尾数。

"尾数定价法"可对消费者产生如下的心理效果：（1）使消费者产生便宜的心理错觉。如198元一双的鞋要比200元一双的鞋好销；（2）使消费者相信企业在科学、认真地定价，制定的价格是合理的、有根据的；（3）给消费者一种数字寓意吉祥的感觉，使消费者在心理上得到一定的满足。例如，"8"在粤语中念"发"，含发财致富之意，以"8"为尾数的价格，会让人产生美好的联想。

4. "求高""求便"的"整数定价法"

与"尾数定价法"相反，"整数定价法"采用"合零凑整"的方法制定整数价格。整数价格又称方便价格，适用于某些价格特别高或特别低的商品。对于某些款式新颖、风格独特、价格较高的新产品，采取"整数定价"，如价值998元的产品定价为1000元，就可能以"千元货"的面目赋予产品以高贵的形象。而对于某些价值小的小商品，如定价0.20元较之0.19元，对消费者而言在购买时会更方便。

5. 求名的"声望定价法"

这是利用消费者求名心理，制定高价的策略。一些在市场上久负盛名的品牌产品可以以高价销售。高价格一方面与名牌产品的优良性能、上乘品质相协调；另一方面与产品的形象相匹配。多数消费者购买名牌产品不仅看重其一流的质量，而且还更看重名牌所蕴含的社会象征意义。从一定意义上讲，高价格是名牌效应的重要组成部分。某些消费者经常借高价以显示自己的社会地位。

6. "习惯定价法"

按照消费者的习惯心理制定价格即为"习惯定价法"。消费者在长期的购买实践中，对某些经常购买的商品如日用品等，在心目中已形成习惯性的价格标准。不符合其标准的价格则易引起疑虑，从而影响其购买。此时，企业维持习惯价格不变是明智的选择。

7. "觉察价值定价法"

这种方法以消费者对商品价值的感受及理解程度作为定价依据。消费者在购买商品时总会在同类商品之间进行比较，选购那些既能满足消费需要又符合其支付标准的商品。例如，普通超市出售可口可乐，每罐3元，而在五星级饭店，它的价格会成倍上涨，但消费者却能够接受，这是因为消费者受周围环境的影响而产生了对商品价值判断的错觉。

这种定价方法的关键在于正确判断消费者的觉察价值，如果商品价格大大高于其觉察价值，则消费者会感到难以接受；相反，如果价格远低于消费者觉察价值，也会影响商品的形象。

8. "分级定价法"

这种定价方法是把不同品牌、规格及型号的同一类商品划分为若干个等级，对每个等级的商品分别制定一种价格，而不是一物一价。这种方法简化了消费者购买过程，便于他

们挑选。这种定价方法的不足之处在于等级间的价格差不好把握。若差价过小，则消费者会怀疑分级的可信度；若差价过大，则一部分期望中间价格的消费者会感到不满意。

9. "折让价格"

这种方法是指在特定的条件下，为鼓励消费者购买，以低于原定价格的优惠价格销售给消费者。条件不同，折让价格的形式也不同，主要有下面几种：（1）数量折让价格，即根据消费者一次或累计购买的商品数量或金额给予折扣；（2）季节折让价格，即为了鼓励消费者在淡季购买季节性商品而给予的价格优惠；（3）新产品推广折让价格，这是为了打开新产品的销路，鼓励消费者积极购买新产品而制定的优惠价格。

➘ 6.4.4　商品调价的心理策略

根据消费者对商品降价和提价的心理与行为反应，企业可以采取相应的降价的心理策略和提价的心理策略。

1. 降价的心理策略

（1）商品降价应具备相应条件。若达到预期的降价目的，则商品应具备与消费者心理要求相适应的特性。

① 消费者注重商品的实际性能与质量，而很少将所购商品与自身的社会形象联系起来。

② 消费者对商品的质量和性能非常熟悉，如某些日用品和食品，降价后仍对商品保持足够的信任度。

③ 能够向消费者充分说明价格降低的理由，并使他们接受。

④ 制造厂家和商标品牌信誉度高。消费者只有在以较低的价格买到"好东西"时，才会感到满意。

（2）准确把握降价时机。降价时机若选择得好，就会大大刺激消费者的购买欲望；若选择得不好，则会无人问津而达不到目的。降价时机，要视商品和企业的具体情况而定。同时注意，商品降价不能过于频繁，否则会造成消费者对降价不切实际的心理预期或对商品的正常价格产生不信任感。

（3）降价幅度要适宜。降价幅度应足以吸引消费者购买。若降价幅度过小，则激发不起消费者的购买欲望；若降价幅度过大，则企业可能会亏本经营，或者造成消费者对商品品质的怀疑。经实验表明，降价幅度为10%～30%有利于刺激消费者的购买；降价幅度超出50%时，消费者的疑虑会显著加强。

2. 提价的心理策略

（1）商品提价应具备的条件。

① 消费者的品牌忠诚度很高，是品牌的偏好者，他们忠诚于某一特定品牌，不因价格上涨而轻易改变购买习惯。

② 消费者相信产品具有特殊的使用价值，或者具有更优越的性能，其他商品不能

替代。

③ 消费者有求新、猎奇、追求名望、好胜攀比的心理，愿意为自己喜欢的产品支付高价。

④ 消费者能够理解价格上涨的原因，且能够容忍价格上涨。

（2）商品提价的时机选择。

为了保证提价策略的顺利实现，提价可选择在以下几种情况下进行：①产品在市场上处于优势地位；②产品进入成长期；③季节性商品达到销售旺季；④一般商品处于销售旺季；⑤竞争对手对产品进行提价等。

（3）商品提价的技巧。

① 直接提价，即直接提高产品价格。商品提价要信守谨慎行事的"走钢丝"原则，要尽量控制提价的幅度和速度，即幅度宜小不宜大，宜慢不宜快。

② 间接提价，即企业采取一定方法使产品价格表面保持不变但实际隐形上升。例如，暗地里更换产品型号、种类，变相提价；缩小产品的尺寸，减少产品的分量；使用便宜的代用原料；减少价格折让等优惠条件；缩短保修期等。一般来讲，降价容易提价难，提价往往会遭到消费者的反对。因此，在使用提价策略时必须慎重，尤其应掌握好提价幅度，把握提价时机，并注意及时与消费者进行沟通。

案例5 **"一颗神奇的橙子"**

一只名为"褚橙"的云南橙子火了。

经常上网的人都知道，褚橙是褚时健在云南省玉溪市哀牢山上历时十年耕种的成果；也知道一条与"褚橙"有关的微博被转发7000多次，评论1000多条；还知道"褚橙"网络销售的前5分钟就被抢购800箱，经常是"一橙难求"。然而很多人不知道，"褚橙"的品种其实就是云南冰糖橙。2008年，"褚橙"就开始在云南上市，与其他同类冰糖橙相比优势并不突出，价格最多高出10%。目前，网络上5公斤"褚橙"的售价从118元到148元不等，是普通冰糖橙价格的两到三倍，销售城市扩展到22个，线上线下都经常出现缺货状态。

在水果的品牌中能让老百姓记住的屈指可数，橘子、香蕉、苹果似乎都没有太多出名的品牌。近些年，水果品牌最受欢迎的当属褚时健的橙子，就是"褚橙"，是九旬老人褚时健在云南种植的一种冰糖橙，褚时健冰糖橙出名经历了十年的果树培育，皮薄汁多，清甜细腻，严格控制的24∶1的黄金酸甜比，具有让人难以忘怀的口感。

从几元一斤时的乏人关注，到十几元一斤的供不应求，"褚橙"的身价倍增之旅，离不开其背后的操盘手"本来生活网"。正如"褚橙"包装上的一句话所说："像可口可乐一样卖水果。""褚橙"的销售找准了营销方式和消费群体，自然而不强迫，让消费者自愿购买和传播。

【启示】 价格心理是消费者在购买过程中对价格刺激的各种心理反应及其表现，它是由消费者自身的个性心理和对价格的知觉判断共同构成的。消费者的价格判断既会受到心理制约，也会受到某些外界因素的影响。把握消费者价格心理特性，是企业制定价格策略的基础和前提。

亚当·斯密在《国富论》中指出："我们的晚餐并非来自屠宰商、酿酒师和面包师的恩惠，而是来自他们对自身利益的关切。"

练习与实训六

一、选择题

1. 商品名称与实体特性相适应，便于消费者了解商品效用，体现了商品命名的（　　）功能。

A. 名实相符　　　　B. 便于记忆　　　　C. 引人注意　　　　D. 美化宣传

2. 以下商品名中可体现商品名称与本身的特性或基本效用相符合的是（　　）。

A. 狗不理　　　　B. 洗涤灵　　　　C. 蜂花　　　　D. 象牙

3. 商品命名的原则可遵循（　　）法则。

A. AIDMA　　　　B. AIDA　　　　C. AIDPA　　　　D. AMMIN

4. "河阴石榴"体现了（　　）的商品命名方法与心理策略。

A. 以外来词　　　　B. 以制造方法　　　　C. 以商品产地　　　　D. 以商品效用

5. 一般来讲，商标就是（　　），"娃哈哈"是某企业的（　　）。

A. 品牌

B. 品牌标志

C. 品牌名称

D. 注册后的品牌

6. 针对消费者的不同消费习惯设计商品包装的方法没有（　　）。

A. 惯用包装　　　　B. 分量包装　　　　C. 类似包装　　　　D. 儿童包装

7. 包装造型精巧，线条柔和，色彩明快，体现了（　　）包装策略的特点。

A. 男式　　　　B. 儿童　　　　C. 女式　　　　D. 老年

8. 经验表明，降价（   ）有利于刺激消费者购买。

A. 10%～20%　　　　B. 20%～30%　　　　C. 10%～30%　　　　D. 20%～40%

9. "便宜没好货"体现的价格心理效应是（   ）。

A. 逆反心理　　　　B. 习惯性心理　　　　C. 敏感性心理　　　　D. 感受性心理

10. "渗透定价法"体现了（   ）。

A. 求高、方便　　　　B. 求名　　　　C. 求廉　　　　D. 求新猎奇

二、判断题（正确的打"√"，错误的打"×"）

1. 商品名称即生产企业赋予商品的称谓。（   ）

2. 品牌与商标是同一个概念。（   ）

3. 企业只要使用商标，就会受到法律的保护。（   ）

4. 商品的名称为了方便记忆，要尽可能地越短越好。（   ）

5. 商品的包装为了吸引消费者的注意，应该越夸张、越新奇越好。（   ）

6. 商品的包装可增加商品的价值，促进商品的销售。（   ）

7. 消费者对价格的判断可以通过与购货现场不同种类商品的价格进行比较获得。

（   ）

8. 成功的商品包装设计，既能满足消费者的生理需要，又能满足其心理需要。

（   ）

9. 当消费者能够理解企业涨价的原因时，就是企业考虑涨价的最好时机。（   ）

10. 为了更好地刺激消费者购买，企业可对其商品频繁地涨价、降价。（   ）

三、简答题

1. 商品命名的方法与心理策略有哪些？商品命名应注意什么？

2. 商标设计的心理策略有哪些？

3. 商标包装的类型与心理策略有哪些？

4. 商品价格对消费者心理有什么影响？

5. 商品定价的心理策略有哪些？

四、实训题

1. 1921年5月，当香水创作师恩尼斯·鲍将他发明的多款香水呈现在香奈尔女士面前时，香奈尔女士毫不犹豫地选出了第五款，即现在誉满全球的香奈尔5号香水。然而，除它独特的香味外，真正让香奈尔5号香水成为"香水贵族中的贵族"却是那个看起来不像香水瓶，反而像药瓶的创意包装。

服装设计师出身的香奈尔女士，在设计香奈尔5号的香水瓶时别出心裁。香奈尔5号的香水瓶以其宝石切割般形态的瓶盖，透明水晶的方形瓶身造型，简单明了的线条，成为一股新的美学观念，并迅速俘获了消费者。从此，香奈尔5号香水在全世界畅销，至今仍然长盛不衰。

试分析：香奈儿5号香水的香水瓶的成功之处在哪里？满足了产品包装的哪些心理功能？

2. 请同学们分组调查附近的超市、便利店的商品，分析它们经营的商品有哪些品类，采用了什么样的品牌名称、商标设计、包装方法。并说出它们吸引消费者购买的因素有哪些。

项目七　商业广告与消费者心理

知识要点

◎ 商业广告的含义及心理功能

◎ 商业广告定位的心理策略

◎ 商业广告的创意诉求与消费心理

◎ 商业广告的媒体特点、种类及选择考虑因素

能力要点

◎ 熟悉广告定位、创意、诉求的方法

◎ 熟练掌握广告媒体选择的影响因素

引例7——三九品牌日，聚焦电梯媒体

华润"999"将每年的3月9日作为品牌日。选择早春三月，正是换季、天气多变之时，以温情为创意点燃品牌热点。在媒介多元化、碎片化趋势下，2017年华润则以分众电梯电视为主要传播渠道，以四屏联动的形式，投放于广州、深圳、杭州、武汉、东莞等共38个重点一线、二线、三线、四线城市，以15秒、360次/天在分众电梯电视全网逾20万点位滚动播出，深入到目标消费者的生活轨迹。

此次广告的关注点则集中在亲情陪伴上，广告创意来源于当下热门社会现象。从孩子的角度，以儿童绘画作品表达目前受手机、电视等数码产品的影响，儿童缺乏家长关爱的现状。天真无邪、色彩鲜艳的画面，欢快俏皮的背景音乐以及电梯电视中传来的稚嫩声音，都让等在电梯口即将上下班的白领家长们纷纷放下手机，耐心听着来自"孩子"的"控诉"，反思自己在日常生活中对孩子的忽略。

广告中弱化了品牌Logo和产品的植入，重点突出了999暖心的广告语"心在才是真陪伴"，呼吁家长陪伴孩子从今天开始。凭借着温情创意，以及分众的高频次、高到达率，广告曝光度高达逾4亿人次。对于此次品牌的推广，华润三九势在必得。

在企业各种促销方式中，广告对消费者产生的心理功能最强大，广告创意策划中的消费者心理策略也最复杂。在广告设计、制作和传播过程中，能否掌握消费者的心理特点和心理需要，直接关系广告宣传效果。

任务一 认识商业广告

商业广告——1820年在法国最初叫作"reclame"（广告），在今天，商业广告已经成为市场经济的一个基本要素。在实际应用中，广告有广义和狭义两种解释。广义的广告是指唤起大众注意某事物，并诱导大众关注点指向特定方向所使用的一种手段。属于这一范

畴的广告有政府公告、交通管制告示、卫生宣传、文艺广告、公益广告等多种形式。狭义的广告是指经济广告，又称商业广告，其的目的是推销商品或劳务，从而获得利润，而我们每天所看到的广告，绝大多数都是以促销为目的的商业广告。现代企业的经营和营销对广告的依赖越来越明显，有些企业家指出，一个广告可以救活一个企业。广告不仅是企业传播产品信息的工具，也是激发消费者购买产品的诱因。因此，广告设计时应当把握消费者的购买动机，有针对性地进行宣传，以求达到较好的促销效果。

7.1.1 商业广告的含义

1. 商业广告的概念

商业广告是指商品经营者或服务提供者承担费用，通过一定的媒介和形式直接地或间接地介绍其所推销的商品或所提供的服务的广告。商业广告的目的在于宣传商品或服务的优越性，并以此引诱消费者购买商品或接受服务。

2. 商业广告的要素

（1）广告主。广告主是指发布广告的主体，一般是企业、团体和个人。广告主从事市场经营活动，需要向目标消费者传递商品或服务的信息。

（2）广告受众。广告受众是指广告信息的接收者，包括目标消费者和一般公众。目标消费者包括现实消费者和潜在消费者，即可能对产品或服务有需要并有能力和意愿购买，或是将来有可能购买的消费者。

（3）广告信息。广告信息是广告的具体内容，包括商品、服务、观念等。商品信息主要是指出售商品的质量、性能、价格、地点等信息；服务信息主要是指提供服务活动的信息，如交通、住宿、旅游、咨询、娱乐等；观念信息主要是指倡导某种消费观念、消费意识，引导消费潮流的信息。

（4）广告媒介。广告媒介是信息传递的中介，它的具体形式包括报纸、杂志、路牌、信函、广告资料等文字媒体，以及广播、电视、电子显示屏、网络等电子媒体。

（5）广告费用。从事广告活动要支付必要的费用，包括市场调查费、广告策划费、制作费、发布费、效果测定费、代理费等。

3. 商业广告的分类

（1）按广告是否赢利，可分为赢利广告和非赢利广告。

（2）按广告发布的媒介，可分为以下几种。

① 视听广告，包括广播、电视、电影、幻灯广告等。其特点是生动、形象、突出；具有易逝性、费用高。

② 印刷广告，包括报纸、杂志、直邮广告等。其特点是保持时间长、费用低。

③ 网络广告，这是网络时代出现的广告形式。最常见的是一种名叫旗帜（Banner）的广告。

④ 户外广告，是指在街道、车站、码头、建筑物等公共场合，按规定设置的招牌、海报、旗帜、气球、路牌、霓虹灯、电子屏幕等宣传广告。其特点是持久性、费用低；易受周边环境影响。

⑤ 包装广告，是指以商品包装物为媒介的广告形式如购物袋、手提袋、食品袋等。其特点是成本低、使用频率高、能够唤起记忆；易被遗弃、被忽视。

⑥ 交通广告，是指在车、船、飞机等交通工具上张贴、喷涂的广告。其特点是成本低、直观、醒目；流动性大、不易被人记忆。

⑦ 展示广告，是指以产品陈列、布置、装饰为形式的广告，多用在商品销售场所，如商品陈列柜、橱窗、门面、标语条幅等。其特点是形象、直观、持久、费用低、见效快；影响面小、新鲜感易消失。

（3）按广告覆盖的地域，可分为以下几种。

① 地区性广告，服务于比较小的市场，只在某一地区传播，进一步又可分为区域性广告（如河南省境内）和地方性广告（如郑州市范围内），具有覆盖范围小但相对集中的特点。

② 全国性广告，覆盖范围遍及整个国家，一般利用全国性媒介进行传播，如在中央电视台做的广告传播迅速、影响面广。

③ 国际性广告，指的是跨国传播广告。由于大众传媒的迅速发展和通信技术的发展，所以跨国传播越来越普遍，国际性的广告也将越来越多。

（4）按广告目标对象，可分为以下几种。

① 大众广告，指的是将广告的目标定位到最大多数受众的广告。

② 目标广告，指的是那些寻求到达某一特定受众群体的广告，杂志、直邮和电台是传递目标广告的传统形式（如图7-1所示的以女性为受众目标的广告）。

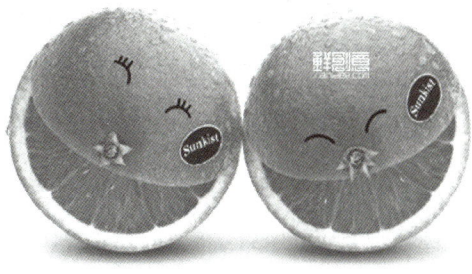

（5）按广告诉求方式，可分为以下几种。

① 情感诉求，指的是通过富有人情味的情节或形象传达广告信息，以此影响消费者的情感和态度，从而促成购买行为（如图7-2所示的富有人情味的水果广告）。

② 理性诉求，指的是强调产品本身特点，使消费者了解产品事实的广告。

图7-1　以女性为受众目标的广告　　图7-2　富有人情味的水果广告

↘ 7.1.2　商业广告的心理功能

商业广告的心理功能是指商业广告对消费者所产生的作用和影响。主要表现在以下几个方面。

1. 诱导功能

广告的直接目的是诱导消费者购买。一个成功的广告，可以唤起消费者美好的联想，给消费者以某种美的享受，从而改变其对商品的原有偏见或消极态度；此外，还可以有效地吸引消费者的注意力，使之对商品发生兴趣，产生好感，进而激发其潜在的购买欲望和动机，诱导并促进购买行为，满足他们物质性和精神性的需要，这是广告得以存在并发生效力的内在原因。

案例 1　南方黑芝麻糊的广告诉求

简朴古雅的小巷，仿佛历史又回到半个多世纪前，南方的傍晚洋溢着恬静祥和的气息。一位贤惠的阿嫂还在忙碌着，她温柔的目光落在身边的小男孩的脸上。小男孩身着马褂，整洁而有灵气。当一碗热腾腾的黑芝麻糊被他很快吃光后，他又迅速地把碗舔光。那贪吃的模样让人怜爱。他抬起头捧着舔光的空碗望着阿嫂，他的眼神好像在问："我还想吃，再给我一碗，行吗？"此时，小巷中传出"黑芝麻糊……"的叫卖声，声音悠远而绵长，好像从几十年前一直飘到现在，勾起人们的回忆。

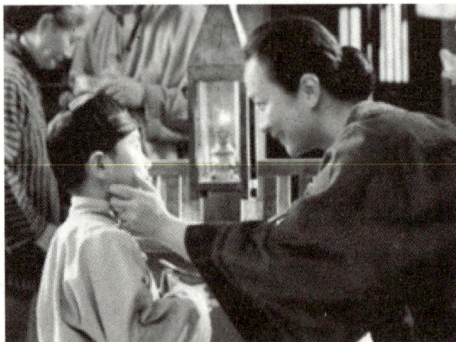

久违的乡愁和某种情感，随着黑芝麻糊的浓香和小男孩的渴望一起弥散开来……整个广告构图都采用具有怀旧意味的昏黄的色调：街坊四邻亲密往来的小巷，具有传统工艺的美食，温柔的女性，可爱的孩子和亲切的叫卖声，烘托出南方黑芝麻糊香浓的气息。

【启示】成功的广告都会与消费者产生情感上的共鸣，唤起并激发出消费者内心深处的回忆，使之产生难以忘怀的体验经历和感受。

2. 传播功能

广告是传播信息的手段。广告将各种信息及时传递给消费者，帮助消费者了解有关商品的性能、特点、用途、价格和维修方法，以及销售地点、销售方式等，这些认知和印象是人们形成消费需要和做出购买决策时的必要条件。由于借助不同的媒体，所以广告可以使信息传递超越时空的限制，广泛渗透到各个消费地区和不同的消费领域。因此，有人把广告称为"信息行业"，把它看作"社会机能的润滑油"。

3. 艺术功能

艺术地向消费者传递广告信息是广告的灵魂，又称广告创意。广告作品的艺术性很强，它给人们以精神上的享受。一件东西要想给人以美感，那么它必须具有某些特征，这

些特征可以激发人们进行欣赏。好的广告本身就是一种艺术创造，它能够通过生动形象的画面、富有情趣的语言和动听美妙的音乐来宣传商品，给消费者以美的享受（如图7-3所示的洗发水广告）。

图7-3　洗发水广告

4. 教育功能

优秀的广告采用文明道德、健康向上的表现形式和内容，不仅可以使消费者增加对商品的认识，开阔视野，掌握正确选购和有效使用商品的技能与经验，还可以增加消费者的科学文化知识，丰富其精神生活，陶冶其道德情操。设计巧妙、制作精美的广告充分运用艺术表现形式，给消费者以美的享受，是一种雅俗共赏、一举多得的教育方式。

5. 促销功能

这是广告的基本功能。商业广告的根本目的就是为了促销。广告通过对商品的宣传，把有关信息传递给广大消费者，引起消费者的注意，使其加深对商品的认识，增加购买欲望，从而加速购买决策。俗话说："货俏还得宣传巧"，一种新产品问世，即使品质优良，也会由于新上市而无人问津，只有通过广告宣传，把有关信息传递给目标市场的消费者，才能打开销路，实现促销目标。市场营销的实践已无数次地证明，广告在促销方面有着不可磨灭的贡献。

↘ 7.1.3　商业广告的基本原则

商业广告的性质和功能决定了其必须遵循一定的规律和规则，以取得良好的经济效益和社会效益。

1. 真实性

真实性是商业广告的生命，是商业广告的基本原则。商业广告的真实性首先是指广告宣传的内容要真实；其次是指商业广告的感性形象必须是真实的。

2. 合法性

商业广告必须遵循诚实守信的原则，遵守国家的法律法规，不可弄虚作假，不可哗众取宠。我国《广告法》规定："广告应真实、合法，符合社会主义精神文明建设的要求，广告不得含有虚假的内容，不得欺骗和误导消费者。"

3. 思想性

商业广告的应用范围很广泛，它对人们的思想意识、兴趣爱好、道德风尚有广泛的影响。因此，商业广告要注意作品的思想性，要严肃，即要内容健康、情趣高尚，符合国家各项政策。

4. 效益性

商业广告的目的是提高企业经济效益。因此，企业应有计划、有目的地安排广告投入，以取得最大的经济效益和社会效益。

5. 科学性

广告是一门科学，从制作到发布再到管理，每个流程都应与现代科学的技术和传播手段相结合，坚持一定的创新性，以达到最理想的效果。

6. 艺术性

商业广告通过形象的语言文字、图像、声音等方式来传播信息，本身就是一种发现美、传播美的艺术创造的过程（如图7-4所示的艺术广告招贴）。

图7-4 艺术广告招贴

任务二 广告设计与消费者心理分析

广告定位，是指在销售环节中使顾客认定这一产品与众多同类商品不同，使产品对目标消费者形成吸引力。广告定位实质上就是树立产品形象，针对消费者的不同要求、不同心理，突出宣传产品某些方面的特点，向消费者传递其所需要的不同于其他产品的产品信息。

7.2.1 广告定位的心理策略

不同的企业根据自己的产品特色，可采取不同的广告定位策略。

1. 市场定位策略

这一策略是指把产品宣传的对象定位在最有利的目标市场上。例如，国外有一家制鞋商，起初以为消费者对有关鞋的属性的关心顺序是：式样、价格、料子及小布件。于是他们把广告的主题对准了鞋的式样，但销售结果很不理想。后来经过市场调查，并询问了五千多名消费者对鞋的关注点，他们发现消费者的心理期待与原先预测的出入很大：42%的消费者表示要求穿着舒服；32%的消费者要求耐穿；16%的消费者要求式样好看；9%的消费者要求价格合理。这说明消费者在鞋子方面的主要需要是穿着舒服、经久耐穿。据此，他们重新对广告进行了定位，突出了鞋底的舒适性，很快就打开了市场。

2. 产品定位策略

这一策略是指最大限度地挖掘产品自身特点，把最能代表该产品的特性、品质、内涵等个性作为宣传的形象定位。例如，七喜汽水以"非可乐型"（No-cola）饮料的代表出现，其广告词是："七喜，非可乐"（如图7-5所示）。这句话的高明之处是重新区分了市场，确定了自己产品的市场地位，七喜汽水以市场黑马的形象给消费者留下了极大的想象空间。同时，这句广告词艺术地说服消费者把七喜汽水看作可

图7-5 七喜汽水

乐饮料之外的第一选择："不是可乐，就是七喜""如果想换口味，请首选七喜"。七喜汽水通过准确的广告定位，打破了可乐型饮料在市场上一统天下的局面，成功地站稳了脚跟。

3. 观念定位策略

这一策略是指分析公众的心理，通过广告赋予产品一种全新的思想、道德、情感和观念。

目前，市场上属于生活资料消费产品的广告大都运用这类手法来唤醒消费者的潜在需要。例如，VCD、DVD、大屏幕彩电、全自动洗衣机、新式电冰箱等家用电器的广告产品，都极力渲染一种现代生活的气氛，向消费者灌输："它们都是中国现代小康家庭生活必需品"的消费观念。

4. 企业形象定位策略

这一策略是指通过将某种文化、某种情感、某种内涵注入企业形象之中，以形成企业独特的品牌个性。

"百事可乐，新一代的选择！"这一广告就是针对新崛起的年轻一代而定位的。海尔集团的"真诚到永远"则以打动人心的形象扎根于公众心目中（如图 7-6 所示的海尔兄弟形象）。

5. 品牌定位策略

这一策略的着眼点放在宣传品牌上。企业之间的竞争就是品牌的竞争。谁先树立了自己的品牌，谁就赢得了商机。例如，

图 7-6　海尔兄弟形象

耐克是全球知名的体育运动品牌，它占有世界运动产品市场的大半空间，它取得的成功与准确的广告定位密不可分。"只管去做（Just Do It）"耐克运用一种励志式的语言来鼓舞消费者。这一哲学表现出的干劲与决心，是与每个人都相关的。耐克出售的是一种生活方式，这是它成功的关键。

➤ 7.2.2　广告创意与消费者心理

1. 广告创意概述

广告创意是指在广告定位的基础上，在一定的广告主题范围内进行广告的整体构思。消费者的心理与一般的心理过程有一定的共性，消费心理是指消费者在进行消费行为时的所思所想，这种心理是产生消费行为的前提和基础。

2. 广告创意的心理策略

要使广告达到影响公众心理及促成其最终购买的目的，企业必须分析公众的心理，满足公众的心理需要。

（1）追求新颖奇特的心理创意。利用公众追求新奇刺激的心理创作广告，必将对公众产生巨大的吸引力。以"雅客"为例，"雅客"在诉求上强调独立、时尚的产品风格，在其电视广告的创意上，以年轻人为切入点，紧紧抓住年轻人为主的消费群体。他们的广

告以这部分消费者为创意点，在空寂无人的街巷中，一群活力四射的年轻人张扬地奔跑。"雅客"以运动时尚的形象出现，就是抓住了年轻人拥有活力、标新立异、追逐时尚，以及他们在消费活动中情感因素多于理性因素的特点。其广告在年轻消费群体面前树立了"雅客"时尚、前卫、年轻的形象。因此，在以后的消费中，年轻的消费者就会对"雅客"的产品有情感倾斜，产生情感认同，从而影响他们的消费行为产生。

（2）追求健康安全的心理创意。广告创意如能结合公众追求健康、安全的心理，就会触动公众，达到广告宣传的目的，如房地产产品、汽车产品、保险类产品等。针对这部分产品的消费者，其广告创意就要从实际出发，少些虚张浮夸，切实突出产品本身的优势。例如，中国人寿保险有一则篮球明星姚明代言的广告，打出了"要投就投中国人寿"的创意诉求，以姚明的影响力给消费者暗示："选择中国人寿保险可以给他们带来实实在在的利益和保障。"

（3）从众心理创意。广告若能巧妙地借助消费者的从众心理进行广告创意，将会收到良好的效果。例如，在广告作品中显现出"大家都在用，我也要试试"的心理暗示。

（4）情感心理创意。在广告创意中，如能利用亲情、友情和爱情进行制作，将会打动很多观众（如图7-7所示的表现亲情的"雕牌"牙膏的广告）。

图7-7　表现亲情的"雕牌"牙膏的广告

（5）民族文化心理创意。表现中华传统美德的"勤俭节约""孝敬父母""尊老爱幼"的广告创意给人以亲切的感受，很容易让消费者接受广告中的产品。

↘ 7.2.3　广告诉求与消费者心理

广告诉求方式，是指广告制作者运用各种方法，激发消费者的潜在需要，形成或改变消费者的某种态度，告知其满足自身需要的途径，促使其出现购买行为。显然，广告诉求能否达到预期目的，与其是否透彻地了解、娴熟地把握消费者心理息息相关。因为，尽管

广告所宣传的产品种类数不胜数，但它总是通过人（消费者）而起作用的。对消费者心理的任何忽视，都将招致广告效果锐减，甚至是完全失败。

广告诉求方式通常分为两类，即理性诉求方式与情感诉求方式。情感诉求指的是通过富有人情味的情节或形象等手段传达广告信息，以此影响消费者的情感和态度，从而促成购买行为。

1. 理性诉求方式的心理策略

理性诉求是指强调产品本身特点，使消费者了解产品事实。

案例 2　有趣的心理学实验

实验者将被试分为四组。对于第一组的被试者施以高强度的威胁："牙齿如果保护得差，就无法补救"。对于第二组被试者，则告之："牙齿如果保护得不好，一定会坏掉两三个蛀牙"，这是一种较前者温和一些的胁迫。对于第三组被试者，则施以更为温和的，即中等程度的恐惧唤起。对于第四组被试者，则不进行任何恐惧唤起的尝试。结果表明，受这种宣传影响最大的、在行为上出现服从趋向最明显的是第三组被试者。第二组被试者次之，而第一组被试者虽然感到害怕，但却不采取任何行动。第四组被试者则因无威胁而无动于衷。这一结果证明了下述规律：在多数情况下，唤起的恐惧提高了说服性的信息交流的效力。但唤起太大的恐惧也可能适得其反，使人们害怕以致不采取行动，或者害怕到拒绝相信这种危险，从而抵制这种说服性的信息交流。由此可知，过高及过低的恐惧唤起都是不适宜的，而中等强度的恐惧唤起效果最佳。

【启示】在理性诉求广告中，为增强说服效果，可以运用也应该运用恐惧唤起的手段，但要"恫"之有度。在一般情况下，以控制在中等强度为宜。

2. 情感诉求方式的心理策略

情感诉求广告，也称情绪诉求广告，是指广告制作者通过极富人情味的诉求方式，去激发消费者的情绪，满足其自尊、自信的需要，使之萌发购买动机，实现购买行为。

"麦氏咖啡，情浓意更浓。"——麦氏咖啡广告。

"其实，男人更需要关怀。"——丽珠得乐广告。

最典型的一例情感诉求广告是 1957 年由美国学者贝克利制作的潜意识投射广告。他将"请喝可口可乐"的字样在影片上做了字幕的反白实验，以三千分之一秒的速度在荧幕上放映。客观地讲，观众是看不到"请喝可口可乐"的字样的。但是，可口可乐的销售量却增加了 18%。唯一的解释是，"请喝可口可乐"的字样经由暗示渠道进入了消费者的潜意识，潜意识的力量推动了消费者实现购买行为。这一结果曾轰动一时，许多广告主纷至沓来，要求制作这一形式的广告，后因美国广告协会认为这一形式的广告带有对人的操纵性质而被明令禁止。

任务三　广告媒体选择与传播策略分析

媒体一词译自英语的"media"。广告必须借助媒体的传播力和吸引力，才能使有关商品及服务的信息传递到外界，形成消费刺激，引起消费者注意。所谓广告媒体，是指所有使广告接收者产生反应的物质手段和方法。广告媒体种类很多，为选择更符合消费者心理特点的媒介，企业需要对各种媒体的特点及其差异进行了解。

↘ 7.3.1　广告媒体的种类及特点

广告媒体可以分成很多种类，通常把广告媒体分为大众传播媒体和小众传播媒体两大类。随着科学技术的进步，出现了很多新型媒体，可以把它们简单地称为新媒体。

1. 大众传播媒体

大众传播媒体主要指报纸、杂志、广播、电视、电影等媒体，特别是前四种，是广告传播活动中广为运用的媒体，通常称为四大广告媒体。

（1）报纸。报纸广告是指以报纸为传播媒体的广告，即发表在各种报纸上的广告。报纸有较大的发行量，读者群大，阅读率高，广告接触率也较高。报纸的读者分布广泛，所拥有的读者群相对比较稳定，层次比较高，消费能力较强，广告信息比较容易推广。

报纸可以随身携带，阅读方便，可以不受时间和空间的限制，有较强的选择性和说服力。读者可以随心所欲地翻阅报纸，接收需要的广告信息，确认广告内容。报纸广告制作比较简便，广告价格相对较低。报纸广告的保存性好，并可以根据广告主的要求，比较自由地选择刊登的时间和版面，并能在短时间内调整广告内容，适应性和机动性较强。

但是，报纸广告需要报纸的读者有一定的阅读能力，报纸的大众化又使读者阶层范围比较广泛，缺少一定的针对性。报纸的时效性较短，只有一天甚至更短的时间，因而广告内容被反复阅读的可能性很小。报纸每天的版面也较多，广告分散在里面，读者很难完全注意到广告，所以传播效果不稳定，还容易出现"跳读"的现象，读者可能直接越过刊载广告的版面，从而影响广告的阅读率。

图7-8　杂志广告

（2）杂志。杂志广告也叫刊物广告，是以杂志或刊物为媒体，发表在杂志或刊物上的广告（如图7-8所示）。杂志广告的优点是针对性强，印制精美，效果持久，编排紧凑，诉求力强。杂志广告的缺点是专业性强，覆盖面较窄，制作成本高，周期较长，时效性差。

其中，杂志最大的特点是针对性强，保存期长，记录性好。杂志的读者层次和类别较为明确，尤其是专业性杂志，读者群大多比较稳定，对所订阅的杂志认同感较强，所以对刊登的广告也显现出较高的关心度和信赖度。杂志的读者生活水准一般较高，

对于新产品或服务的反应比较敏锐，消费能力也较强。

（3）电视。电视是一种具有多种功能的大众传播媒体。电视自20世纪30年代问世以来，不断以新的面貌面向广大观众，在传播领域中的影响越来越大，也是传播广告信息的主要媒体之一。电视广告的优点是能把推销语言、动态彩色画面有机组合起来，集形、声、色、语于一体，使广大消费者越来越喜欢赏心悦目的电视广告，增强了对商品的形象认识，吸引力与感染力强。随着我国人民生活水平的提高。电视媒体的普及率也得到迅速提高。对于电视节目包括电视广告，常常是家庭成员共同观看，共同获得信息，并将其作为谈话材料，从而提高了口头宣传效果。

电视广告的局限性是电视广告的成本高；广告播放时间短，需要重放；电视广告集束播放，互相干扰；电视频道多，电视广告易被排斥。

（4）广播。广播广告语言的口语化程度较高，比较通俗，感性诉求力强，制作过程也简单，播出费用不高。广播广告的收听对象特性明显，地区性电台能制作有效的地方性广告，针对性强，促销效果明显。

但广播广告只能用声音诉诸听众，而且时间短暂，保留性差，难以吸引听众并使其留下深刻印象。听众接收信息时的注意力也不是很集中，收听效果难以准确测定。广播广告的制作流程如图7-9所示。

确定演播脚本和录音方案 → 选择和确定演员 → 收集、确定音乐、音响资料 → 录音 → 合成

图7-9 广播广告的制作流程

2. 小众传播媒体

相对于大众传播媒体，还有很多用来传播广告信息的媒体，因其传播范围较小，受众群体较少，所以称为小众传播媒体。这些媒体往往可以直接影响消费者的购买行为，通过对这些消费者进行促销，能够弥补和配合大众传播媒介的传播活动，所以有时也可统称为促销媒体。

（1）户外广告。户外广告是指设置在室外的广告，如霓虹灯、路牌、灯箱等，英文为"Out Door"，简称OD广告。户外广告的形式包括招贴海报，路牌媒介广告，霓虹灯媒介广告。户外广告的优点是地理方位可选择性；传播信息持久性；信息表现直观。其缺点是易损性；灵活性较差。

户外广告制作精美，欣赏价值较高，还可美化环境。例如，户外霓虹灯广告（如图7-10所示），以它多变的造型，瑰丽的色彩，构成华丽的夜景，成为城市的亮点。

（2）销售点广告。销售点是指所有在商店、建筑物内外的，能够促进销售的广告物，或者其他能够提供有关商品信息、服务、指示、引导的标志，如店内悬挂物，橱窗和柜台的设计、陈列，在店内外设立能够标示产品特征的立体物，或者散发的单张海报等，这些都称为销售点广告或销售现场广告，简称POP广告。POP广告可在销售现场为消费者起

到引导、指示的作用，促成和方便消费者购买；还能营造销售气氛，激发消费者的购买热情，促使消费者产生购买行为，直接提高购买率。因此，有人称POP广告是"临门一脚"。

图7-10　户外霓虹灯广告

销售点广告主要有店面式、柜台式、壁面式、落地式、动态式、贴纸式等形式。

（3）直接广告。这是直接进入消费者的家庭和工作场所，以及通过个人之间的信息沟通，表明比较具体的求购信息的广告形式的总称。

其中，直接邮寄广告（Direct Mail Advertise，DM广告）是最早开展，也是最主要的直接广告形式。它将广告信息通过信件用直接邮寄的方法，或者采用寄优惠卡或附送样品、折扣券等形式传达给目标消费者，以介绍产品或服务。

直接邮寄广告的形式可以不拘一格，有较大的自由度，可随意设计，发挥创意，给消费者以新鲜感。因受众没有阅读时间的限制，所以直接邮寄广告传递的信息内容更丰富详尽。直接邮寄广告的设计要新颖独特，使目标对象愿意拆开，尽量降低消费者对直接邮寄广告的抗拒心理。

应注意的是，企业若要与消费对象建立经常性的联系，则还可以发放问卷，调查目标消费者对其商品的期望和建议，保持销售信息交流的畅通。企业平时还要注意积累资料，选好对象，建立用户花名册。用户名册的资料应该准确、详细，包括姓名、出生年月日、阶层、职业、兴趣等信息。

还有一些直接广告形式，如电话广告（提机先听一段广告，回答问题，答对者电话可免费）、上门广告、传单广告、物品广告（如送的纸袋上印有企业名称）、夹报广告等。

（4）交通广告。利用公交车、地铁、航空、船舶等交通工具，以及其周围的场所等所做的广告，就是交通广告。交通广告因价格低廉，流动性强，且有较好的传播效果，所以受到企业的欢迎。

交通广告可运用多种形式来传递信息，且既可随交通工具流动，又可以固定在车站、机场、码头，具有稳定性，展示时间长，内容丰富，有持久性。

但使用公共交通工具的乘客流动性大，成分复杂，不容易进行市场细分，所以这类交通广告的传播对象的针对性不强。另外，交通广告因交通工具和线路等的限制，广告接触

面有一定的局限性。由于交通设施具有公共性，所以对广告设计有较高的要求，如必须具有一定的欣赏价值。

各类媒体的优点及局限性如表 7-1 所示。

表 7-1　各类媒体的优点及局限性

媒 体	优 点	局 限 性
报纸	灵活、及时，本地市场覆盖面大，被广泛接受，可信度高	保存性差，复制质量低，传阅者少
电视	综合视觉、听觉和动作，富有感染力，能引起观众的高度注意，触及面广	成本高，干扰多，瞬间即逝，观众选择性少
直接邮寄	接收者有选择性，灵活，在同一媒体内没有广告竞争	相对成本较高，可能给消费者留下滥寄邮件的印象
广播	大众化宣传，地理和人口方面的选择性强，成本低	只有声音，瞬间即逝，不像电视那样引人注意
杂志	地理、人口选择性强，可信度高，有一定的权威性，复制率高，可长期保存	有些发行数是无用的
户外广告	灵活，广告展露时间长，费用低，竞争少	无法选择观众，缺乏创新

3. 新媒体

新媒体是相对于传统媒体而言的，是继报纸、杂志、广播、电视等传统媒体后发展起来的新的媒体形态，是利用数字技术、网络技术、移动技术，通过互联网、无线通信网、卫星等渠道，以及计算机、手机、数字电视机等终端，向消费者提供信息和娱乐服务的传播形态和媒体形态。严格来讲，新媒体应该称为数字化媒体。

新媒体广告的类型多种多样，网络广告、手机广告、移动电视广告、楼宇电视广告等都属于新媒体广告的范畴，它们看似形式多种多样，各具特点，但基于数字技术基础的实质也让它们具备了一些共同的基本特性。

（1）互动化。

新媒体区别于传统媒体的重要特性体现在新媒体的互动性上。同样，新媒体广告也具备了一定程度的互动性，这对于传统意义上"单向传播"的广告有着颠覆性的意义。在传统媒体中，用户几乎没有自己的选择权，所有的信息内容（包括广告在内）全部是由内容提供商决定的。在使用新媒体时，受众可以选择接受或者不接受新媒体广告，甚至可以亲自参与新媒体的广告，与广告主产生互动行为。

（2）融合化。

随着科学技术的不断发展，"媒介融合"成为时下十分流行的词汇，不同的媒介之间已不再像从前那样各自为政、泾渭分明。事实上，在广告学上影响深远的整合营销传播理论（IMC）已经反映了人们对于广告融合的强烈需要。在 IMC 理论诞生时，媒介融合看起来还是天方夜谭，所以人们当时所能想到的就是把广告投放到不同的媒体，把不同媒体的

优势集中起来达到极大化的广告效果，IMC理论实质上就是用人为的力量使广告具备融合性。而如今，数字技术的出现使新媒体这一新型平台本身就已经具备了融合性，所以投放在新媒体上的广告也就必然具备融合性的特点。新媒体广告不可能还像传统广告那样把文字、声音、图片、影像等分类开来，而是需要多形式的多媒体广告来匹配新媒体这一媒介。

（3）个性化。

以报纸、杂志、广播、电视为主的传统媒体还有另一个名字——大众媒体，这说明传统媒体的传播方式是"大众化"的，它所默认的受众也是大众化的统一体，然而新媒体却给用户提供了一个个性化的空间。这里的个性化可以从两个方面来理解。一方面受众有了自己的选择权。如今一部分家庭已经用上了数字电视，数字电视与以往的模拟信号电视最大的不同之处就是实现了定制功能，用户已经可以根据自己的喜好自由选择所要收看的节目，而这些选择之中甚至也包括了广告，这意味着用户可以选择观看自己喜欢和感兴趣的广告节目。另一方面，许多如博客、播客、楼宇电视等小众化、专业化新媒体的出现，要求广告主投放广告时应注意广告的针对性，设计出符合媒介内容的个性化广告信息。同时，以数字电视、手机、互联网等媒介为代表的定制信息的出现，也为广告商提供针对性的个性化广告创造了可能。

➥ 7.3.2　选择广告媒体需考虑的因素

对广告媒体的选择除应考虑媒体的特点外，还要考虑以下几个因素。

1. 目标市场的媒体习惯

广告活动对谁开展，广告传播的目标对象是谁，这是制定媒体计划时首先要明确的。在策划整体广告时，在制定广告表现战略时，广告的目标对象也要予以考虑。

2. 产品

根据企业推销的产品或服务的性质与特征进行媒体选择。选择适用的媒体，使广告信息尽可能地接触目标消费者。

3. 广告内容

广告信息的内容受到广告媒体的制约。要依据媒体的情况，以及目标对象接触媒体的情况来选择广告内容，使目标对象尽可能多地接收广告信息，并保持信息沟通渠道的畅通。

4. 广告传播范围

广告的传播范围要与企业所需要的信息传播范围相适应。如果企业的产品是行销全国的，则宜在全国性报纸或电视、广播电台上做广告；而在某一地区或城市销售的产品，则可选择地方性报纸、广播电台等传播媒体。

5. 成本

广告预算是确定的，媒体计划要在广告预算费用允许的条件下进行。选择媒体的计

划，要与购买媒体所需的费用联系起来。尽管许多媒体都很理想，但如果广告费的预算不允许，则也只能放弃，并重新进行选择调整，使之既符合预算的要求，又能达到预想的传播效果。

7.3.3 增强广告效果的心理策略

广告要达到理想的效果，就必须在计划、设计、制作和播出的全过程中重视对消费者心理活动规律与特点的研究，巧妙地运用心理学原理，增强广告的表现力、吸引力、感染力和诱导力。广告引发消费者心理反应的过程一般有引起注意、启发联想、增加情感、加深印象这四个环节。

1. 引起注意

注意是增强广告效果的首要因素。只有引起消费者注意，他们才会对广告的信息内容加以接受和理解。"能够引起你注意的广告，推销商品就已经成功了一半。"因此，注意是广告成功的心理基础。

根据注意的不同引发因素和形式，广告可以采取多种心理策略。

（1）增大刺激的强度。刺激要引起反应必须要达到一定的强度，刺激量要大于人的感觉阈限值，在一定范围内，刺激的强度与反应成正比。因此，可在广告中运用强烈的声响、鲜艳的色彩、醒目的符号、图案等。

同时，还应加大刺激的对比度。在一定限度内，广告中刺激物各组成部分对比度越大，人们对刺激物所形成的条件反射也就越明显。因此，在设计广告时，可有意识地增加对比，如黑白相称，浓淡相异，大小对比等（如图 7-11 所示的创意广告（1））。

图 7-11　创意广告（1）

（2）利用刺激物的运动变化。运动着的事物，以及变化中的刺激更容易引起人们的注意，如户外不断闪烁变化的霓虹灯。

（3）力求刺激的新异。罕见的、奇异的事物往往会给人较强的刺激力度。广告刺激的新异性通常表现在其形式和内容的更新上。有经验的广告制作者会在相继推出的广告中不断变化地介绍产品的不同特性（如图 7-12 所示的创意广告（2））。

图 7-12　创意广告（2）

同时，还应提高广告的感染力。在广告中，企业应有意识地增大广告各组成部分的感染力，采取多种艺术手段，激发消费者对广告信息的兴趣，保持他们对广告和产品的注意。

2. 启发联想

广告中运用联想提高广告效果的方法很多。例如，利用消费者熟知的事物比喻商品的形象或特长；用言简意赅、寓意深长的语句创造意境；用含蓄的广告语言或画面引起消费者的无限遐想等。

还可利用广告中的色彩启发联想。例如，红色使人联想到激动、振奋、华贵；绿色使人联想到清新、舒爽、鲜活、自然、活力、青春；蓝色使人联想到清凉、宁静、忧郁；黄色使人联想到快乐、温柔妩媚、晴朗、喜庆；白色使人联想到纯净和无瑕、整洁、软嫩；黑色使人联想到质朴、厚实、庄重、肃穆等。

此外，广告中运用的情调、线条、音乐等都能引起消费者丰富的联想。恰当、巧妙地运用这些手段有助于突出产品特点，增强广告效果。

3. 增加情感

一则成功的广告，应注意促进消费者增加如下的情感。

（1）信任感。消费者信任广告，是产生购买欲望的前提条件。

（2）安全感。广告中应体现产品安全可靠、有益于人体健康。

（3）艺术感。广告通过运用语言、色彩、构图等手段增强广告内容的艺术美感，使消费者赏心悦目，得到美的享受。

（4）亲切感。广告宣传要拉近与消费者的距离，使消费者对企业或产品产生亲近感，从而更容易接受产品。

（5）好奇感。好奇心是人们认识事物、探求真理的一种内在动力。广告要利用这一心理，激发消费者的好奇感，从而有效地吸引消费者的注意，大大强化宣传效果。

4. 加深印象

在广告设计和传播过程中，有意识地让消费者加深对广告的印象是非常必要的。为了做到这一点，可从以下几个策略着手。

（1）适当加以重复。

（2）增加消费者的理解。

（3）运用多种艺术表现形式。

练习与实训七

一、选择题

1. 在以下促销方式中，（ ）对消费者产生的心理功能最大。

A. 人员推销　　　　B. 广告　　　　C. 公关关系　　　　D. 销售促进

2. 广告的直接目的是指（ ）。

A. 便利消费者　　　　　B. 诱导消费者购买　　　C. 宣传企业　　　　　D. 艺术创作

3. （　　）是广告的具体内容。

A. 广告媒介　　　　　　B. 广告对象　　　　　　C. 广告信息　　　　　D. 广告费用

4. 商业广告的要素不包括（　　）。

A. 广告主　　　　　　　B. 广告对象　　　　　　C. 广告人　　　　　　D. 广告费用

5. （　　）不是大众传播媒体。

A. 车辆　　　　　　　　B. 电视　　　　　　　　C. 报纸　　　　　　　D. 杂志

6. （　　）是商业广告的基本原则。

A. 思想性　　　　　　　B. 艺术性　　　　　　　C. 真实性　　　　　　D. 效益性

二、判断题（正确的打"√"，错误的打"×"）

1. 广告定位的本质是树立产品形象的问题。（　　　）

2. 真实性是广告的生命。（　　　）

3. 理性广告诉求适用于所有的广告作品。（　　　）

4. 电视媒体的传播范围广，适合所有的传播对象。（　　　）

5. 广告可以使信息传递超越时空的限制，广泛渗透到各个消费地区和各个消费领域。（　　　）

6. 广告的效益就是指广告的经济效益。（　　　）

7. 在选择广告媒体时，应充分考虑媒体的特点，并结合目标市场接受媒体的习惯。（　　　）

8. 网络广告、手机广告、移动电视广告、楼宇电视广告等都属于新媒体广告的范畴。（　　　）

9. 销售点广告简称POP广告，在销售现场为消费者起到引导指示的作用。（　　　）

10. 用户可以选择观看自己喜欢和感兴趣的广告节目，显示了新媒体广告的个性化。（　　　）

三、简答题

1. 商业广告的心理功能有哪些？

2. 简述广告定位的心理策略。

3. 商业广告的基本原则有哪些？

4. 商业广告创意的心理策略有哪些？

5. 大众传播媒体都有哪些？各自有什么特点？

6. 选择广告媒体需要考虑哪些因素？

7. 增强广告效果的心理策略有哪些？

四、实训题

1. 你看过微信里的朋友圈广告吗？你觉得这种广告效果如何？什么样的人才会看微信朋友圈广告？

2. 如果你是某公司的销售人员，将策划 2021 年的销售活动，而 2021 年为"牛"年，你觉得从以下哪个角度出发思考广告创意最为合适？并说出你的理由。

    a. 生肖"牛"的历史。

    b. 不同品质的"牛"特点。

    c. 关于"牛"的传奇故事。

    d. 其他。

项目八 销售环境与消费者心理

知识要点

◎ 商店的外部设计与消费者心理

◎ 商店的内部设计与消费者心理

能力要点

◎ 了解商店的建筑外形设计、店门设计、橱窗设计

◎ 掌握商店的招牌设计

◎ 熟悉商店的总体布局，并了解人工采光、过道设计、色彩搭配

引例8——地处大栅栏的"同仁堂"药店

北京"同仁堂"乐家老铺创立于1669年，位居旧中国四大药店之首，分号遍布各地，素以手工制丸散膏丹著称于世。清代乾隆年间，"同仁堂"药店已声著京都，更获得供奉御药房用药的"皇家药店"的优势地位，长期占据我国药业的第一把交椅。

"同仁堂"药店虽以经营传统产品而名著于世，但并不故步自封，而是注重采用先进的营销方法，除旧布新，以奇制胜，让企业保持了旺盛的进取势头。"同仁堂"药店地处大栅栏胡同内，地理位置很不理想。为了方便消费者，扩大影响，他们注重与市场和消费者的联系。为了克服地处偏僻之处的不足，他们在大栅栏胡同东口竖立起一座金光闪闪的铜牌楼，上面写有斗大的"同仁堂药店"五个字。人们一看到牌楼上的字，就知道鼎鼎有名的"同仁堂"药店在胡同里，纷纷前来抓药。旧时的北京，市政荒疏，没有电灯照明，晚上一片漆黑。"同仁堂"药店别出心裁，巧妙地利用中华民族挂灯笼的传统习俗，在北京的一些主要街头巷口挂起红灯笼，五只一排，每只红灯笼上书写一个金色的大字，合起来就是"同仁堂药店"，使店的名号深深印入人们的脑海。

消费者的购买行为通常是在一定的销售环境中实现的。销售环境对消费者购买过程中的心理感受具有多方面的影响。因此，适应消费者的心理特点，营造良好的销售环境也是销售心理学研究的重要内容之一。

根据作用方式的不同，销售环境的设计可分为外部设计和内部设计，前者包括建筑外形设计、店门设计、招牌设计、橱窗设计等，后者包括商店的总体布局、人工采光、过道设计、商品陈列、色彩搭配等。上述各项因素的综合作用，构成整体的销售环境。

任务一　商店外部设计与消费者心理分析

商店的外部设计是一个商店总的外部特征，包括店名、建筑外形设计、店门设计、招牌设计、橱窗设计等。在激烈的市场竞争环境中，商店的外部设计对经营的作用日益突出。商店外部设计的基本目的是引起消费者对商店的兴趣和关注，从而激起购物或浏览的欲望和联想。因此，商店的外部设计必须以消费者心理与购买行为研究为前提，注重对消费者心理的影响。

8.1.1　建筑外形设计

建筑应有特殊风格，或者体现民族传统风味，或者显示现代化气派，或者将二者巧妙地结合起来。老字号的商店应尽量保持旧风貌，给人们以古朴殷实、传统丰厚的心理感受。因此，经营中国传统商品的专卖店，或者反映人文古迹、民族风情的旅游景点的特种商店，采用传统风格的设计比采用现代化风格的设计效果要好。新建商店则可视经营特点进行装修，但应做到结构线条简洁明快，格调和谐，庄重清新。也就是说，外观风格与内部经营商品门类的格调要基本一致，与消费者的心理趋向和心理习惯要基本一致，如图8-1和8-2所示。

图8-1　现代商业建筑外形

图8-2　商店建筑外形

8.1.2　店门设计

根据商店的不同类型，可将店门设计成以下几种形式。

1. 封闭型

这种类型的店门，入口尽可能小，临街的陈列橱窗用有色玻璃遮挡起来。店门及陈列橱窗装饰要华贵。这类的店门一般运用于经营金银首饰、高级工艺品等特殊商品，以及高档商品的商店。这种设计便于消费者在舒适的环境中选购商品。现在，许多西餐厅、咖啡厅、高档饮食店也采用这种类型的店门。

2. 半开型

这种类型的店门，入口比封闭型大，但不是全部开放，方便消费者出入。店面临街一面陈列生动形象，新颖漂亮，对消费者有吸引力。消费者也可以通过橱窗和店门看清店内大体结构及陈列的主要商品，整个店面的设置美观大方。这种商店设计运用于专营一种或几种大众商品的商店，如化妆品、时装、鞋帽、药品、文化用品等。

3. 全开型

全开型，即将店门全部开放，不设置橱窗，有利于消费者直接接受商品本身的视觉刺激，适用于经营大众百货用品的商店和超级市场。

4. 畅通型

这类店门往往是两个以上，有的还明确分出口、入口。使用这种店门的商店一般规模较大，多为经营大众日常必需品的商店。

➥ 8.1.3 招牌设计

招牌是商店的牌号，即商店的名称，它是用于识别商店。那些招揽生意的牌号或标记。那些对商店经营内容具有高度概括力和在艺术上具有强烈吸引力的招牌，对消费者的视觉刺激和心理影响是很重要的。

1. 商店招牌的心理作用

（1）引导与方便消费者。例如，"四季鞋帽"店、"大明眼镜"店之类的招牌。

（2）引起注意与兴趣。例如，麦当劳的金黄色"M"招牌、肯德基的招牌等。

（3）反映经营特色与传统服务。例如，北京的"同仁堂"药店，"全聚德"烤鸭店（如图8-3所示）等。

图8-3 "全聚德"烤鸭店

（4）加强记忆与易于传播。好的招牌不仅能招揽顾客，还能传递信息，扩大影响。例如，北京的"鸿宾楼"酒家，福州的"味中味"酒家等。

2. 商店招牌命名的心理策略

针对消费者心理，商店招牌命名的心理策略有以下几种。

（1）与本店的经营特色或主营商品属性相联系的命名方法。例如，"台湾永和豆浆""巴奴火锅"。

（2）同本店文明经商的宗旨相联系的命名方法。例如，"半分利小吃店"。

（3）同历史名人或民间传说相联系的命名方法。例如，"陆羽茶叶店"。

（4）同美好的愿望与享受意境相联系的命名方法。例如，"假日休闲广场"。

3. 商店招牌的艺术表现形式

确定了招牌名后，还需配以良好的艺术表现形式。商店招牌的表现形式较之商店招牌的命名给消费者的视觉冲击更为强烈，因而是招牌设计中不可忽视的重要内容。倘若招牌在构图、用料、造型、色彩、格调等方面设计精巧、表现完美，则可以给消费者赏心悦目、品味高雅、别具一格、亲切自然等心理感受，从而与良好的命名相得益彰，取得最佳心理效果。

招牌的表现形式有多种。例如，请名人或书法家题写店名；字体与背景的对比鲜明醒目；采用立体化的艺术造型；使用霓虹灯、灯箱、电子显示牌等新型材料；招牌与人流方向相切侧向悬挂等。

➷ 8.1.4 橱窗设计

橱窗是商店外观的重要组成部分，它的直接作用是展示宣传商品，向消费者传递信息。因此，橱窗又是广告媒体的一种重要表现形式。好的橱窗设计可以形象直观地向消费者展示商品，起到指导和示范作用。

1. 商店橱窗对消费者产生的心理作用

商店橱窗在消费者购买活动中会对其产生的心理作用包括唤起消费者注意，激发消费者购买兴趣，促进消费者购买欲望，增强消费者购买信心。

2. 橱窗的设计

（1）陪衬美。在橱窗内必须要有适当的陪衬，才能更好地衬托出主体产品的美。橱窗广告的陪衬美是指橱窗从造型设计、背景画面、色彩运用到道具的摆设等各方面都迎合消费者的审美心理。

（2）立体美。橱窗广告利用独特的三维空间，进行仿真设计是造就立体美的重要手法。仿真的橱窗布局给消费者以身临其境的感觉。

（3）真实美。广告的真实性就是广告的信誉度。橱窗广告以它的陈设现身说法，以高质量的事实让消费者增加对产品的信任感。

（4）个性美。一种产品自有的特色和风格，即产品"个性"。个性是让消费者被吸引，从而对产品产生好感的要素。橱窗广告的设计必须把握这点，把产品的式样、花色、质量等方面的优点显示出来。

（5）功能美。渲染产品特有的功能是广告表现的基本策略之一。橱窗广告通过背景的布置、道具的运用，构思巧妙的立体画面，突出产品的功能，使其更具艺术魅力。

3. 商店橱窗设计的心理策略

商店橱窗设计应适应消费者的心理，赢得消费者的喜爱，激发消费者的购买欲望。一般而言，商店橱窗设计主要有以下几种方法。

（1）突出商品，精选商品，适应消费者的选购心理。橱窗陈列的应为有代表性的、最能吸引顾客购买的商品，一般选择特色的商品，流行性的商品、新产品，应节、应季商品，试销商品等。

（2）塑造优美的整体形象，为消费者提供艺术享受。橱窗设计必须运用多种艺术处理手段，较好地再现商品的外观形象及品质特征。具有强烈艺术感染力的商店橱窗不仅可以装点市容、美化商店，还可以使消费者从中得到美的享受。

（3）虚实结合，启发消费者的联想。把商品样品与各种装饰物、色彩及相关景物结合起来，构成完整协调的立体画面，使消费者产生丰富的联想，激发其购买情绪。

（4）利用景物的间接渲染，满足消费者的情感需要。用以景抒情的艺术手法体现主题，对陈列内容进行间接的描绘和渲染，使消费者从寓意含蓄的艺术构思中联想到美好愉快的意境，满足其情感上的需要。

除上述策略外，橱窗设计还应合理运用照明设备、支架、模特、陈列牌等道具，灯光的分布要均匀充足，亮度集中而不强烈。通过柔和舒适的光线，可以进一步美化商品形象，增强消费者视觉的立体感。道具是橱窗陈设的辅助品，不能喧宾夺主，不能转移消费者对陈设商品的注意力。

案例 1　"抖音上的网红商场"

朋友圈、微博、抖音、ins上上传图的欲望，已经彻底改变了人们选择商店的重要性。应声而起的网红店就是这样来的，装修风格好看，设计别具一格，就能被人所关注。最近，#郑州#天幕话题，突然在流量最大的短视频APP"抖音"上占据了头条位置，而其中十条中有八条都是同一个商场，每个到这个商场的人都把镜头对准一块硕大的屏幕——天幕，并争相将拍摄的影像传到抖音上。

这个商场拥有河南首座近2 000平方米天幕，每当夜晚来临，大幕开启，从天地伊始到宇宙未来，从花草树木到星辰变幻，置身天幕之下，仿佛置身奇幻世界。这块天幕的设计思路来自仙女下凡遗落的丝带，天幕没有一处是完全平整的，不规则的展现形式，成功地模拟了仙女的丝带飘落在广场上的浪漫情境。

【启示】良好的购物环境既可以吸引或促使消费者产生进店的愿望，为购买活动的发生创立先决条件，又可以使消费者获得店家及商品的必要信息，为之后的购买做出初步的选择。

任务二 商店内部设计与消费者心理分析

商店内部环境是商场总体布局、内部建筑、设施、柜台摆放、装饰风格、色彩、照明、音乐、空气质量等状况的综合体现。理想的商店内部环境，应该尽可能地为消费者购物或消费提供方便，使消费者获得最大限度的满意，并且在消费者购物或消费后，还能吸引其再一次光顾，让他们把满意的体会转告其他消费者。

8.2.1 商店总体布局

总体布局的原则是视觉流畅、空间感舒畅、购物与消费方便、标志清楚明确、总体布局具有美感。如果把商店比作剧场，商店经营的场地代表舞台，人工采光、固定设施和视觉传递的信息构成场景，那么所有商品就是这场戏的主角。

1. 布局结构与交易方式协调一致

商店的布局以商店建筑结构为基础，对售货场所和非售货场所、通道、固定设备、陈列货架之间的相互关系，以及与建筑结构关系进行妥善安排。这种妥善安排（布局）的基础是商店所采取的交易方式。交易方式主要有敞开式售货、封闭式售货和二者结合的混合式售货。不同的售货形式要与布局结构相协调，交易方式与店面布局的合理结合是形成店内良好购物环境的基础。

2. 经营特色与全方位服务协调一致

突出经营特色和注重对消费者的全方位服务，是商店经营成功的法宝。例如，综合性商店，由于经营品种众多，很难单纯从商品的角度区别于其他商家，所以综合性商店必须在对消费者群体进行细分后，以全方位服务为基础，通过对商品档次和服务的定位，形成自己的装饰布局特色和经营特色。

3. 方便与舒适购买协调一致

商店布局的核心是实现促销。商店布局应考虑如何使消费者能够尽快买到所需要的商品，提高购买效率，以及如何使消费者把商业购买行为变成集购物、休闲、娱乐、社交为一体的综合活动。

4. 时尚高雅与大众化协调一致

消费者的个性心理倾向及经济状况不同，导致其心理需要也不同，这就为商店布局提出了多层次的要求。单调简陋的布局会使商店失去一部分高收入的消费者，而过于豪华的商店装饰，也会给消费者造成心理压力，从而"吓"走大多数普通消费者。因此，时尚高雅和大众化必须相协调。

5. 购买安全与销售安全协调一致

从商店布局的角度来讲，购买安全主要是指消费者在购买过程中面临的与布局相关的安全问题。除建筑安全方面的因素外，还有消费者在购物过程中的钱财安全问题。因此，商店

内商品陈列设备应与视线水平相符，以及在光线较暗的地方适当设置管理人员办公室等，只有这样，才会给消费者创造一个安全的购物环境，对消费者的购买行为产生积极影响。

8.2.2 人工采光

商店内的照明直接作用于消费者的视觉。因此，商店要善于运用照明吸引消费者的注意力，从而激发消费者的购买欲望。针对经营商品的不同，商店在灯光的应用上也应采取不同的方案。

1. 基本照明

基本照明是为商店顺利开展工作和方便消费者选购商品所提供的照明条件，通常以天花板配置的日光灯为主，灯管的排列应与货架走向保持一致。

2. 重点照明

重点照明也称商品照明，是为了突出商品的特性，增强商品的吸引力而设置的照明，一般采用聚光灯、探照灯及悬挂的白炽灯进行定向照明，亮度较高。

3. 装饰照明

装饰照明是店铺为求得装饰效果或强调重点销售区域而设置的照明。常见的装饰照明工具有彩灯、壁灯、吊灯、挂灯、霓虹灯、弧形灯及连续性的闪烁灯等。

8.2.3 过道设计

过道是指消费者在场内购物行走的路线，其设计的作用如下。

（1）良好高效的过道设计，使消费者能够按照设计的自然走向，步入卖场的每个角落，并能接触尽可能多的商品。

（2）合理的过道设计还起到了诱导和刺激消费者购买的作用，使消费者乐于进出商店，并顺利地参观浏览商品。

一般来讲，大中型商店的过道设计有主过道与副过道之分。主过道是消费者在店铺移动的主要线路，而副过道是消费者在店内移动的支线。过道设计的基本原则有以下三点。

1. 足够宽度

足够宽度是指保证消费者提着购物篮或推着购物车，能够与同行的消费者并肩而行或顺利地擦肩而过。不同商店通道设计值如表8-1所示。

表8-1　商店通道设计值

单层卖场面积（单位：m^2）	主过道宽度（单位：m）	副过道的宽度（单位：m）
300	1.8	1.3
1000	2.1	1.4
1500	2.7	1.5
2000	3.0	1.6

主过道是店铺最宽的过道，能够引导消费者到店内最深处。例如，家乐福、易初莲花等超市，通常经营场地分为上下两层，进入店内往往先顺楼梯上二楼，购物后再下一楼付款，不能在二楼直接买单，其目的是延长消费者在店铺内逗留时间，增加消费者的购物机会。副过道的宽度大小要根据客流量、购物频率等因素的变化进行相应调整，不可墨守成规。

2. 多直线，少迂回

商店过道从形状上看，有直线式和回形式。直线式过道又称单向过道。这类过道以商店的入口为起点，商店的收银台为终点，消费者依照货架排列的方向单向购物，以商品陈列不重复，消费者不回头为设计特点，能够使消费者在最短的时间内完成商品的购买行为。

回形过道又称环形过道，这类过道以流畅的圆形或椭圆形，按从左到右或从右到左的方向环绕整个卖场，如沃尔玛就是这样的构造。

3. 清路障，去"死角"

过道是消费者浏览、寻找、挑选商品的购物场所，过道上一旦有废弃的纸箱、包装袋、暂时不用的货架，或者由于其他原因而出现的障碍物，均应及时清理，以免阻断过道，影响消费者购物，损害商店形象。

↘ 8.2.4　商品陈列

商品陈列是指柜台及货架上商品摆放的位置、搭配及整体表现形式。商品陈列必须适应消费者的购买心理、习惯心理，并努力满足其求新、求美的心理要求。

1. 商品陈列的一般要求

（1）商品陈列要能够引起消费者的兴趣与注意，这就要求商品陈列必须做到醒目、形象突出、有美感。

（2）商品陈列要给消费者以洁净、丰满的感觉。因此，商品陈列要摆放整齐，错落有致，给消费者品种齐全、数量充足、丰满的感觉，从而激发其购物兴趣。

（3）商品陈列要使消费者能够一目了然。因此，商品陈列要尽可能做到裸露摆放，同时要有价格、货号、产地、规格、质量等级、性能等说明，便于消费者通过观看、触摸和比较，增强对商品的感性认识。

2. 商品陈列的方法

商品陈列的方法可以有以下几种。

（1）分类陈列法：根据商品的性能、档次、特点或消费对象分门别类地展示陈列。

（2）相关商品陈列法：按照商品的种类和特点进行陈列。

（3）季节陈列法：对于不同季节消费的商品，要按照季节的变化进行陈列。

（4）醒目陈列法：按照经营品种的轻重程度进行陈列，要有强有弱，有主有次。

（5）专题陈列法：结合某一特定事件、时期或节日，集中陈列应时适销的连带性商品。

（6）艺术陈列法：通过商品组合的艺术造型进行陈列。

↘ 8.2.5 色彩搭配

色彩是指商店内壁、天花板和地面的颜色。商店应运用色彩创造特定的气氛，帮助顾客认识商店形象，激发消费欲望，产生即时的视觉震撼。一般而言，商店的内部装饰色彩应以淡雅为主。

商店色彩要让消费者感觉舒适，商店空间内部的色彩设计运用因使用对象不同会有明显的区别，如儿童专卖或女士专卖、电器专卖或食品专卖等，在色彩的运用上须有所区别。

商店设计的空间色彩配置应根据商店构造的需要，充分发挥色彩对商店内部的美化作用。首先应确认的是色彩的主色调，主色调起到主导、润色、陪衬和烘托的作用，主色调一般由色彩的明度、纯度、对比度等综合形成。

商店色彩的应用原则是大面积色块不宜采用鲜艳色彩，小面积色块则可提升色彩的明度、纯度，形成色彩设计的稳定感、韵律感与节奏感。为了达到稳定的心理效果，一般会采用上轻下重的色彩运用关系。

商店内部空间设计可以运用色彩的远近、冷暖等属性，以及其物理性对消费者心理的影响，在一定程度上改变空间尺度、比例及分隔，改善空间效果。此外，商店色彩设计还要注意不同民族、地区和气候条件，满足在不同文化传统、历史沿革下的不同审美要求（如图8-4所示）。

图8-4　不同商店的内部空间设计

在进行商店设计时，应根据商店周围环境、经营性质、商品特点、消费者层次进行颜

色的选择和搭配，不同商店色彩设计表如表 8-2 所示。

表 8-2　不同商店色彩设计表

店铺种类	主色	第一副色	第二副色	地板	天花板	墙壁	用具	灯具	目的
高级女装	茶	白	深蓝	深蓝	白	白	茶	黑	欧式
年轻女装	灰	银	白	巧克力	巧克力	灰	银灰	黑	冷淡现代
男士西服	深茶	白	灰	灰	淡灰	白	深茶	白	英式
女士饰品	乳白	橘	白	橘	白	乳白	乳白	白	快乐感
婴儿用品	天蓝	白	粉红	天蓝	白	白黄	白蓝	草绿	可爱感
寝具	橘	黄	淡蓝	橘	白	白黄	茶	淡蓝	快乐感
鞋店	茶绿	红	白	红	白与茶绿	白与茶绿	茶绿	黄	华丽感
药店	草绿	白	橘	青草	白	茶绿	白	乳白	健康感
化妆品	淡紫	茶	白	灰褐	淡紫	淡紫	茶	粉红	纤细感
文具	深蓝	茶	白	深蓝	白	白	茶	白	丰富感
钟表眼镜	深蓝	茶	白	深蓝	白与蓝	白	银	黑	精致感
珠宝	深蓝	金	白	深蓝	白与蓝	白	金	金	豪华感
家用电器	黄	橘	白	黄	白	白	茶	黄	快乐感
运动器材	翠绿	乳白	白	翠绿	乳白	白	白	白	运动感
玩具	橘	淡蓝	白	橘	白与橘	淡蓝	白	橘	快乐感
面包	黄	茶	白	黄	乳白	白	茶	白	明亮感
水果	翠绿	黄	橘	翠绿	白	白	翠绿	橘	新鲜感
美容院	淡紫	茶	白	淡紫	白	淡紫	茶	白	柔顺感

练习与实训八

一、选择题

1. 商店的外部设计不包括（　　　）。

A. 建筑外形设计　　　B. 招牌设计　　　　　C. 过道设计　　　　　D. 橱窗设计

2. 经营高档商品的商店更适宜的店门设计是（　　　）。

A. 封闭型　　　　　　B. 全开型　　　　　　C. 畅通型　　　　　　D. 半开型

3. 商品照明也称（　　　）。

A. 基本照明　　　　　B. 装饰照明　　　　　C. 重点照明　　　　　D. 自然光照明

4. （　　　）又称环形过道，过道以流畅的圆形或椭圆形，按从左到右或从右到左的方向环绕整个卖场。

A. 直线形过道　　　　B. 方形过道　　　　　C. 圆形过道　　　　　D. 回形过道

5. 按照商品的种类和特点进行陈列的方法是（　　　）。

A. 季节陈列法　　　　B. 相关商品陈列法　　C. 艺术陈列法　　　　D. 专题陈列法

二、判断题（正确的打"√"，错误的打"×"）

1. 销售环境会直接影响消费者的购物感受。　　　　　　　　　　　　　　（　　　）

2. 店主出于成本的考虑，对于商店的内外部设计都是越简单越好。　　　　（　　　）

3. 商店的过道设计要充分考虑消费者的方便出行。　　　　　　　　　　　（　　　）

4. 商店内部的颜色设计应以鲜艳醒目为主。　　　　　　　　　　　　　　（　　　）

5. 珠宝店适合全开型的店门设计。　　　　　　　　　　　　　　　　　　（　　　）

三、简答题

1. 销售环境的哪些因素会对消费者心理产生影响？

2. 商店的招牌设计有哪些心理策略？

3. 商店的橱窗设计如何适应消费者心理？

4. 商店内商品陈列的方法有哪些？

5. 商店内的过道如何设计？

四、实训题

1. 结合身边的大型商超或百货商场，试分析其外部设计特色和内部总体布局。

2. 实战演练。

　　假如你想在学校周边开一家小吃店，根据本章所学知识，对以下要素进行设计。

　　① 店名：_____。

　　② 店标：_____。

　　③ 店门：_____。

　　④ 橱窗：_____。

　　⑤ 店中内部设施：_____。

项目九　销售沟通与消费者心理

知识要点

◎ 销售人员应具备的心理品质

◎ 沟通的含义与技巧

◎ 消费者拒绝购买态度的转变

◎ 销售人员与消费者有效沟通的技巧

能力要点

◎ 了解销售人员应具备的心理品质

◎ 能够正确运用沟通的基本技巧和方法

◎ 能够熟练运用购买态度的转变方法

◎ 熟练掌握销售人员与消费者有效沟通的技巧

D饭店坐落在上海的西南角，是一家以接待商务客人为主的涉外宾馆。

某天傍晚，餐厅服务员一切准备就绪开门迎客，客人陆续进来用餐，服务员为他们引座上菜。餐厅呈现出一片温馨的气氛。

这时，一位商人模样的客人进入餐厅点头和服务员打招呼，显然他是一名常客。他挑选了临窗的座位，服务员为他沏上一杯香茗并递上菜单。

客人："我昨天在这儿请客，朋友们都说你们的走油蹄髈烧得相当好，可惜我没吃，今天再来一份，多半只就可以了。再来一份松花蛋、一份海蜇皮、一小碗酸菜汤和一瓶啤酒。"

服务员："对不起，先生。走油蹄髈我们是整只卖不能分割。酸菜汤都是用大的汤碗盛的。我们这儿菜品丰富，您可以点一些其他合口味的菜。"客人一脸不高兴，显出不可理解的样子。"这么简单的要求你们都做不到！我在你们饭店常年包房，几乎天天在这儿吃，其他喜欢吃的都尝遍了。唯独走油蹄髈不知道什么口味。别人都讲好吃，我想尝尝而已。这么大的一只蹄髈又油腻，叫我一人怎么吃得下去？"客人用手指指肚子："受得了吗？"领班看到这位客人满脸不高兴，快速走了过来向服务员简单了解了一下。

领班："先生，您的要求我们尽量满足，我和厨房商量一下。"

没多会儿领班又来到商人桌旁。

"对不起，先生，让您久等了，酸菜汤可以用小盅上，但走油蹄髈实在无法分割。很抱歉，您是否改用其他的？"

客人摇摇头，再也没胃口吃了，气呼呼地向餐厅外走去。刚巧餐饮部经理进来与他擦肩而过。经理看到客人神态，进来询问领班事情经过，领班把情况汇报了一下。

经理："我们饭店绝大部分入住者都是商务长包客人，餐厅应让他们感到像在家里用餐一样方便、自由。在规范服务上更应再强调个性服务。用小盅上汤，上半个走油蹄髈等要求必须满足。虽然眼前利润低了或赔本了，但是可以为我们餐厅创造信誉，也为饭店留住客人，也创造了利润。"

不久，一位餐厅服务员手推餐车来到客人房门前。

服务员："先生请用餐。这是您刚才在餐厅点的菜。今天您的晚餐免费。"

服务员把餐车推进房间，把菜端上餐桌。看到半只蹄髈，客人满意地笑了，连声说："谢谢、谢谢！"

在消费者眼中，能够满足价格和品质双重挑剔标准的企业，无疑会成为最后的赢家。企业如何将高额定价的产品变成消费者对的选择，如何在应用低价策略的同时创造企业收益与消费者需要的双赢，是销售人员永远的课题。

任务一 销售人员心理分析

9.1.1 销售人员对消费者心理的影响

销售人员在经营活动过程中所体现出的以消费者为中心，并不是消极被动地适应消费者需要的行为，而是积极主动地创造良好销售环境、满足不同消费者心理活动需要的能动过程。这个过程体现为销售人员与消费者之间的交互心理影响。

1. 销售人员的仪表影响消费者对企业的认知

销售人员的仪表是指一个销售人员的外表，一般包括容貌、服饰和言谈举止等，它是销售人员心理状态的自然流露，与销售人员的生活情调、思想修养、道德品质密切相关（如图9-1所示）。销售人员的礼仪素养包括仪容、着装、表情、体态、称谓、言语、名片等方面。在企业经营过程中，消费者对企业的判断和评价往往是从对销售人员仪表的感觉开始的。因此，销售人员的仪表犹如企业的"门脸"，其整洁美观的仪容和专业干练的风度不仅表现了个人的精神面貌，而且还反映了文明经商的企业风貌。销售人员的仪表给消费者的视觉印象，直接影响消费者在购买活动中的心理变化和对企业的综合印象。

2. 服务态度影响消费者的情感

服务态度是反映服务质量的基础，优质的服务是从优良的服务态度开始的。良好的服务态度会使消费者产生亲切感、热情感、朴实感、真诚感，直接影响消费者的购买决策行为（如图9-2所示）。

图9-1 销售员仪表

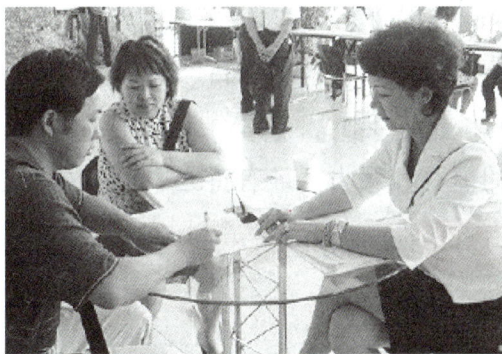

图9-2 良好的服务态度

销售人员在售前提供必要的服务，能够使消费者对企业产生好感；在售中为消费者提供耐心的介绍、周到的服务，做好消费者的参谋，能够刺激消费者的购买热情，帮助消费者进行决策；在售后提供可靠的服务，能够使消费者对企业产生积极的评价，实现重复性购买。

案例1 超级服务

新加坡东方大酒店在推进"超级服务"计划中遇到过这样一件事：一位酒店咖啡厅

服务员为了一桌商谈文件的消费者免受咖啡厅内嘈杂声音的影响，主动询问酒店客房部有无空房供消费者临时使用，酒店客房部马上提供了客房。当消费者明白这些后，他们感到难以置信。事后，他们在感谢信中写道："……我们除了永远成为您忠实的消费者之外，我们所属的公司及海外的来宾，将永远为您广为宣传。"

【启示】很多时候，我们永远不知道无形的服务到底能够带给我们多少潜在的利益。

9.1.2 销售人员应具备的心理品质

销售就是介绍商品所提供的价值，以满足消费者特定需要的过程。销售是企业生存和发展的命脉，作为一名销售人员，更为推动企业的进步做出了巨大的贡献。一般而言，销售人员应该具备以下几种心理品质。

1. 情感品质

（1）雄心壮志。作为一名销售人员，应该有明确的销售目标，工作时全力以赴，并且一个心态积极的销售人员常常会保持积极乐观的人生态度。

（2）满怀信心。信心包括三个方面。第一个方面是要对自己有信心，即相信自己是一名敬业的优秀的销售人员，始终抱有"事在人为"的决心。第二个方面是要对企业有信心，即相信企业能够提供良好的产品，使自己的一切活动完全纳入企业行为中，也称企业自豪感。第三个方面是要对产品有信心，即相信所推销的产品是最优秀的，自己是在用产品向消费者提供最好的服务。

2. 意志品质

（1）积极进取。积极进取的销售人员一定比悲观消极的销售人员更容易取得销售活动的成功。积极的心态是一扇机会之门，拥有积极心态的销售人员更容易赢得消费者的信赖，从而可以充分展现销售的魅力。

（2）持之以恒。从事销售工作，销售人员除应具备满腔的工作热情外，更需要具有足够的恒心和毅力。唯有持之以恒，才能在面临困难和挫折时一如既往。

案例 2　懒马效应

两匹马各拉一车货。一匹马走得快，另匹马慢吞吞。于是主人把后面的货全搬到前面。后面的马笑了："切！越努力越遭折磨！"谁知主人后来想："既然一匹马就能拉车，干吗养两匹马？"最后，懒马被宰掉了。这就是经济学中的"懒马效应"。

3. 能力品质

（1）敏锐观察。销售人员应具备较强的观察力，能够在普通的市场销售信息中发现商机，善于捕捉一切对自己职业发展有利或不利的信息，养成冷静观察、缜密思考的习惯，不失时机地调整自己的工作方法和销售策略。

（2）机智应变。在销售活动中，销售人员难免会遇到各种突发事件，这就需要其具备较强的灵活应变能力。例如，面对纠缠不休的消费者投诉或火爆促销现场的安全隐患，

销售人员必须快速做出相应的处理决定和应对措施。

（3）善于交际。交际能力是销售人员顺利开展销售活动的保障。具备良好的口才，无疑是一笔财富，是销售人员赖以生存的手段。拥有良好的社交能力需要销售人员加强学习，掌握相关专业知识，不断丰富语言内涵。同时，还需要销售人员加强基本技能训练，提高语言组织和表达能力，以真诚、简练、恰到好处的表达方式，赢得消费者的信赖和好感。

9.1.3　销售人员的个性类型

根据销售人员的销售行为，可将销售人员划分为以下几种类型，每种销售人员都有不同的销售行为特点。

1. 疯狂狼型—沉默羊型

很多人认为优秀的销售人员一定能说，并且在能说的基础上拥有"狼性"，即进攻性。这就是所谓的"疯狂狼型销售"。这类销售人员的表现非常明显，假如有一个消费者对产品产生置疑，或者提出反对意见，就会直接刺激这类销售人员的神经，并使之处于极度亢奋的状态。他会对消费者穷追不舍，并疯狂地向消费者解释，直到消费者最终表现出对产品或服务的认同为止。这类销售人员能够迅速做出业绩，他们比较适合被放在具有挑战性的市场上，从而发挥他们不认输的个性，为销售队伍起到表率作用。但是这类销售人员也有缺点，如情绪不稳定，缺乏持久性与耐力，反映到销售业绩上则是忽高忽低。

与"疯狂狼型"销售相对应的是"沉默羊型"销售。"沉默羊型"的表现与"疯狂狼型"截然不同，"沉默羊型"的销售人员有时候甚至不太爱讲话。这类销售人员在遇到消费者时，普遍表现沉稳、具有韧性，极容易取得消费者信任。虽然讲话不多，但是每句话都是用心讲出来的，更能打动消费者，效率很高。通常情况下，"沉默羊型"销售人员一般会位居销售的前三位，甚至是首位，是一种绝对的稀缺人才。他们比"疯狂狼型"的销售人员业绩表现更加稳定，并能够保持持续增长的态势。但是，这类销售人员极容易被误解为他们性格内向，缺乏挑战和勇气。

综合比较"疯狂狼型"与"沉默羊型"销售人员之间的差异，我们可以看出，前者是用嘴在销售，后者是用心在销售。但无论怎样，二者都可以成为销售人员的优秀典范。

2. 专家型—关系型

大部分企业都希望自己的销售人员具有扎实的专业知识，特别是对具有一定技术含量的产品的销售更是如此，通常把热心于通过掌握专业知识而征服消费者的销售人员叫作"专家型"销售人员。消费者普遍对掌握专业知识的销售人员具有较强的信任感，不会将他们简单地看作一般的销售人员，而是将他们作为某一方面的专家来看待。例如，很多IT行业的售前工程师就是这种类型。在多数需要一定技术能力的企业中，"专家型"销售人员在市场上更加容易成功。但是他们有一个重大的弊端，即过分关心技术，而忽略了人际

关系的建立，往往并不能长久地维系消费者关系，甚至有时由于过分正规反而疏远了消费者，所以不利于建立长久的客户关系。

"关系型"销售人员与"专家型"销售人员正好相反，这类销售人员可能专业知识比较欠缺，但是却有一项非常过人的本领——搞好人际关系。这类销售人员能够在很短的时间内进入消费者的私人关系圈，从而取得消费者的信任。这类销售人员在中国市场上有着强大的生命力，特别是在同一个项目上，"关系型"销售人员与"专家型"销售人员遇到一起，如果产品质量没有太大区别，多半前者会成功，因为他们更能取得消费者的信任。因此，企业在培养销售人员时，要明白："知识固然重要，但如何与人打交道更重要"。最好的销售人员类型是"专家型"与"关系型"的复合人才。需要注意的是，单纯的"关系型"销售人员并不是企业鼓励的方向。

3. 猎户型—农夫型

这是销售中的另外两个典型的类型。"猎户型"销售人员普遍非常聪明，善于把握机会，一旦看到利益就奋不顾身地扑上去。这类销售人员像猎人在森林里狩猎，耐心等待并且不断地寻找机会，一旦时机成熟便一举成功。这样的销售人员很容易在初期的市场中生存，或者是在竞争对手的强势地区生存，但是在相对成熟的市场中就会成为企业的麻烦，因为这类销售人员更加强调投机。

"农夫型"销售人员与"猎户型"销售人员正好相反。"农夫型"销售人员像农民种地一样，依靠自己的劳动获得可靠而稳定的报酬。销售人员中的"农夫型"是市场成熟状态下最佳的销售人员类型，他们非常注重自己的领地，并充满信心地投入工作，从而不断地促进区域市场的成熟与稳定，增强区域市场的精细化管理。另外，"农夫型"销售人员大多能同竞争对手和睦相处，很少产生恶性竞争，从而最大化地保护了企业的利益。对于侵犯自有领地的敌人，"农夫型"销售人员更愿意不惜一切地进行捍卫，这一点也是"猎户型"无法比拟的。

任务二 认识沟通

↘ 9.2.1 沟通的含义

销售人员通过与消费者的沟通，可以熟知消费者的购买动机，并针对消费者需要，创造成交机会，甚至与消费者成为朋友，促进潜在消费者的形成。销售人员对沟通手段的掌握，是提高成交率、树立企业良好形象的关键。

沟通是为了一个设定的目标，在个人或群体间传递信息、思想和情感，并且达成共同协议的过程。良好的沟通是实现商品交易的关键，也是商业活动能够正常进行的保证。

9.2.2 沟通的技巧

1. 做好沟通前的准备

"机会是给有准备的人"。都说"台上一分钟，台下十年功。"做销售也不例外。销售人员在与消费者沟通之前必须做足准备。例如，事先了解企业所在行业的现状，了解企业经营现状及远景规划，了解消费者的领导关心的问题，了解并分析消费者的领导的背景，设定沟通的目标，选择沟通的方式，组织恰当的团队等。

2. 寻找消费者感兴趣的话题

只有那些能够引起消费者兴趣的话题才可能使整个销售沟通充满生机。消费者一般情况下是不会马上就对产品或企业产生兴趣的，这需要销售人员在最短时间之内找到消费者感兴趣的话题，然后再伺机引出自己的销售目的。例如，销售人员可以首先从消费者的工作、孩子和家庭及重大新闻时事等谈起，以此活跃沟通气氛，增加消费者对产品或企业好感。

3. 体现对客户的尊重和关心

当销售人员认真地倾听消费者谈话时，消费者可以畅所欲言地提出自己的意见和要求，这样做除可以满足他们表达内心想法的需要外，还可以让他们在倾诉和被倾听中获得关爱和自信。消费者希望得到销售人员的关心与尊重，而销售人员认真的倾听则可以使消费者的这一希望得以实现。通过有效倾听，销售人员可以向消费者表明自己十分重视他们的需要，并且正在努力满足他们的需要。

4. 引导和鼓励消费者开口说话

认真、有效的倾听的确可以为销售人员提供许多成功的机会，但这一切都必须建立在消费者愿意表达和倾诉的基础之上，如果消费者不开口讲话，那么纵使倾听具有再大的作用也是枉然。为此，销售人员必须学会引导和鼓励消费者谈话。引导和鼓励消费者谈话的方法有很多，销售人员经常用到的方法有巧妙地提问，或者及时回应客户的问题等。

5. 用真诚的微笑打动消费者

微笑几乎已经成为销售人员与消费者沟通时的必需工具。实际上，微笑是世界通用语言，无论双方的语言表达方式或生活习惯等有多大区别，彼此间真诚的微笑常常可以消除一切隔阂。微笑同样有讲究，并不是所有人的微微一笑都能轻易地打动消费者。销售人员应该注意的是，微笑并不是简单的脸部表情，它应该体现整个人的精神面貌。因此，销售人员必须要发自内心地微笑，不要空有一副"职业性微笑"的表情，而内心却排斥消费者。

6. 善于利用肢体语言沟通

肢体语言包含的内容非常丰富，包括动作、表情、眼神等。实际上，声音里包含着非常丰富的肢体语言。在说每一句话时，用什么样的音调去说，用什么样的抑扬顿挫去说等，这都是肢体语言的一部分。肢体语言的沟通，贵在自然，有效利用肢体语言可以加强

沟通效果。肢体语言的沟通渠道如表9-1所示。

表9-1　肢体语言的沟通渠道

肢体语言表述	行为含义
手势	柔和的手势表示友好、商量，强硬的手势则意味着："我是对的，你必须听我的"
脸部表情	微笑表示友善礼貌，皱眉表示怀疑和不满意
眼神	盯着看意味着不礼貌，但也可能表示兴趣，寻求支持
姿态	双臂环抱表示防御，开会时独坐一隅意味着傲慢或不感兴趣
声音	演说时抑扬顿挫表明热情，突然停顿是为了造成悬念，吸引注意

　　沟通的模式有语言和肢体语言两种，肢体语言更善于沟通的是人与人之间的思想和情感，所以在与消费者沟通的过程中，销售人员往往会通过语言或非语言的沟通方式，声形并茂地与消费者进行交流，以达到良好的沟通效果。

任务三　认识销售沟通

9.3.1　消费者拒绝购买态度及其转变

1. 态度的含义

　　态度是指消费者对客观事物所持有的肯定或否定的心理倾向。当消费者对客观事物产生肯定的态度后，便会顺利完成购买活动。但是，一旦出现否定的评价，也就是拒绝购买，这便需要通过沟通来解除否定的评价结果，从而达成交易。

2. 拒绝购买态度分析

　　消费者拒绝购买的态度是由于对产品或服务持有一种否定或不满意的态度。在销售过程中，有些消费者因为种种原因产生拒绝购买的态度，使交易过程难以进行或中断。但是，优秀的销售人员在了解消费者拒绝购买的原因后，如果采取恰当的方式、方法，则有可能促使消费者转变态度，由拒绝购买转变为愿意购买，或者降低消费者拒绝的程度，转变态度倾向，为以后实现购买创造良好基础。

　　根据拒绝购买态度的程度，可以将其分为一般性拒绝、彻底性拒绝和隐蔽性拒绝三种情况。一般性拒绝是指消费者在做出拒绝购买的决定时，未经深思熟虑，有较大的随意性；彻底性拒绝是指消费者经过理性思考后做出的拒绝购买的决定，这种态度表现十分坚决；隐蔽性拒绝是指消费者出于某种原因，不愿表明拒绝购买的真实原因，而以其他理由加以掩饰。

一般性拒绝是经常发生的。一种情况是，消费者虽然已经具有一定的购买欲望，但是由于商品的品质、价格、性能尚不能完全满足其需要，因此做出不予购买的决定。另外一种情况就是，消费者对商品还缺乏全面了解，购买信心不足。

隐蔽性拒绝大多是出于自尊、偏见等社会性心理因素。例如，不愿意表明因价格昂贵而无力支付，而是以不喜欢或其他非现实理由而拒绝；或者是由于缺乏足够的商品信息，难以做出准确的判断，而闪烁其词；有些则是对销售人员的过度热情产生逆反心理而拒绝购买等。

3. 拒绝购买态度的转变

态度是一种稳定的心理因素，一旦形成，在一定时期内就能够保持不变。但是，当态度形成的背景条件发生变化后，就可以影响消费者转变态度。

态度既有方向上的不同，又有程度上的差异。因此，态度的改变包括方向上的改变和程度上的改变。

消费者拒绝购买是极其常见的现象，要转变其拒绝购买的态度，销售人员必须在尊重消费者的前提下，通过广泛、全面地介绍商品，全面了解消费者的需要，打消消费者的顾虑，增强其购买的信心。销售人员可以采取以下方法，帮助消费者转变态度。

（1）针对一般性拒绝的消费者，销售人员应以热情且负责的态度，着重向他们输送更多的商品知识，特别是针对消费者对商品的某些疑虑，重点进行解释说明，以增加消费者对商品的认识能力，改变其对商品的印象。

（2）针对彻底性拒绝的消费者，销售人员要以极大的耐心，着重弱化其拒绝的强度，转移注意目标，引导新的需要。彻底性拒绝往往是经过深思熟虑后做出的最终决定，要转化这种态度十分困难。因此，对这类消费者，如果销售人员认为还有可能改变消费者的态度的话，则应尽力而为；如果已属无望，则应引导消费者转移注意目标，探索其他需要和兴趣，据此向他们介绍其他类似商品，诱发他们的新需要。同时，还可热情地说："请您再到别家商场看看，或许能碰上满意的商品。"使其对企业与服务有良好的印象，为以后的购买奠定基础。

（3）针对隐蔽性拒绝的消费者，销售人员应尊重其心理需要，不要揭露其隐蔽的原因，同时要设法增强其购买信心。隐蔽性拒绝的原因因人而异，比较复杂，且多具隐蔽性，难以直接了解和观察。但抱这种态度的消费者具有一定的购买要求，只要正确引导，则有希望改变其拒绝态度。

9.3.2 销售人员与消费者冲突

在购买活动中，销售人员与消费者时常会发生矛盾冲突，这种冲突对双方的身心都会产生不良影响。因此，分析冲突产生的原因、积极寻找解决的途径，也是研究消费者购买行为十分重要的手段。

1. 冲突产生的原因

（1）消费者与销售人员双方情绪的影响。消费者或销售人员在销售现场情绪的好坏是引起冲突的一个重要因素。无论是消费者还是销售人员，任何一方的情绪处于不佳状态时，都容易产生矛盾冲突。

（2）消费者要求退换商品时，双方争执导致的冲突。冲突的原因一般有：退换商品的时间限制问题；对于商品质地保证完好的标准问题；消费者购买时的商品价格和退换时商品价格不一致等。双方认定的标准不同或缺乏统一的认定标准，都是导致矛盾冲突的导火索，特别是当消费者要求企业对自身遭受的人身伤害给予精神赔偿时更是如此。由于牵涉双方的实际利益，双方心境变化比较激烈，情绪容易波动，这种冲突的消除相对比较困难。

（3）销售人员不能正确对待消费者意见所引发的冲突。消费者提出的意见形式多样，原因复杂。例如，有善意的批评意见；有自我表现式的反对意见；有带有强烈感情色彩的偏见；甚至有恶意的中伤。对于这些意见，如果销售人员不能正确对待，妥善处理，只是消极拖延或针锋相对地反驳，则很可能造成矛盾冲突，甚至形成难以收拾的局面。

2. 避免或消除冲突的方法

冲突是商品销售活动中十分消极的影响因素。它不仅会影响消费者购买行为的完成，而且还会对冲突双方当事人的心理、情绪产生长久不良影响，同时也会影响企业的服务信誉。为此，企业必须从多方采取措施，尽量避免或消除购买行为中的矛盾冲突，使交易过程在融洽的气氛中顺利完成。

（1）提高销售人员的自我修养，增强自控能力。良好的道德修养可以使销售人员热爱本职工作，树立端正的服务态度，并在服务过程中保持高度热情。同时，自制力的提高会使销售人员在面对各类消费者时都能从容应对，处变不惊，缓和紧张的局势，调节消费者的不良情绪，掌握销售服务的主动权。

（2）树立"消费者至上"的销售理念。企业应教育员工树立"消费者第一"的思想，真正站在消费者的立场上，急他们之所急，想他们之所想，坚持始终如一地奉消费者为"上帝"。沃尔玛公司的创始人山姆·沃顿曾说过："我们重视每一分钱的价值，因为我们服务的宗旨之一就是帮助每一名进店的消费者省钱。每当他们省下一块钱，我们就赢得了消费者的一分信任。"为此，他告诫员工说："你们不是在为商店讨价还价，而是在为消费者讨价还价。"

（3）正确对待消费者的不同意见或反对意见。销售人员学会妥善处理消费者不同意见或反对意见，将有助消除购买冲突，缓和购买气氛，促进交易的实现。

（4）妥善处理冲突及既成事实的赔偿。销售人员要依法维护消费者的合法权益，对于消费者的损失，要首先向消费者道歉，询问造成损失的具体情况，耐心听取消费者的意见，及时、合理地采取补偿措施，解决问题，消除冲突。

案例3 "你家东西太贵了"

顾客：你们店里的东西为什么比别人的贵呀？

客服：您好，有什么问题，我可以为您服务吗？（保持冷静，同时将顾客引至一旁）

顾客：像这个XX洗发水，你们卖90元，但是，前面XX超市才买85元，为什么你们要比人家贵呀？太坑人了，马上给我退货。

客服：（仔细聆听，随时点头，眼神接触顾客，面露关心）您在我们这里买了之后，发现别处更便宜，心里一定不舒服。实在抱歉，我们同意您的要求，并且非常感谢您告诉我们这些商品信息，让我们知道改进的地方。我会将您的建议写在"顾客投诉单"上，并将情况告诉店长和采购人员，我们一定会尽快改进。我再次为给您带来的不便表示歉意。

【启示】消除冲突不仅需要智慧和耐心，更需要有"消费者第一"的营销理念。

9.3.3 销售人员与消费者有效沟通的技巧

从本质上讲，销售人员的销售过程就是一个有效沟通的过程，这个过程包含有目的地提供信息、讲解、说明或演示，不断地进行引导、说服和认同，以及这些环节中的交互反馈等。

有效的销售沟通过程是销售人员与消费者之间的双向互动过程。严格意义上讲，所谓销售沟通就是指使用语言、文字、符号、手势或表情等表现形式，对产品或服务的销售进行解释、说明或演示，以促使沟通双方对沟通的内容拥有共同的理解、认识或认同的过程。

销售人员沟通能力的重要性是不言而喻的。提升销售人员的沟通技巧应从以下几个方面着手。

1. 三思而后言

在沟通的过程中，往往会因为一句话而引起他人的不悦。在说话之前，要考虑清楚想说什么、该说什么。有的销售人员往往心直口快，根本没想到自己犀利的语言可能会对别人造成伤害。如果销售人员能够多花一些时间，设身处地为他人着想，就能够吸引消费者。

2. 换位思考

优秀的销售人员常常会站在消费者的立场上来考虑问题，也就是"同理心"。将心比心地换位思考，可以有效拉近与消费者的心理距离，博得消费者的信任和好感。

3. 和别人沟通,不要和别人比赛

有的销售人员在和消费者交谈时，常在对方的话里寻找漏洞，为某些细节争论不休，或者纠正对方的错误，借以炫耀自己知识渊博、伶牙俐齿。这种竞赛式的谈话方式往往会

无意间伤害消费者自尊心，影响其购买情绪。相反，当销售人员采用一种随性、不具攻击性的表达方式时，消费者则比较容易听进去，且不会产生排斥感。

4. 挑对说话的时机

销售人员在表达意见之前，应首先确定对方已经准备好、愿意开始倾听了。在公共场所，或者有其他朋友、同事在场时，应避免谈论涉及隐私或一些敏感的话题。另外，当消费者感到烦躁时，应尽量避免继续谈论下去。

5. 随机应变

销售人员应根据不同的沟通情境与沟通对象，采取不同的对策。

6. 自我超越

销售人员不仅要对自我的沟通风格及其行为有清楚的认识，而且还要不断反思、评估并灵活调整自己的沟通风格，不断适应变幻多端的沟通场景。

7. 聆听他人的回馈

和消费者交谈，不仅要懂得如何去说，还要懂得如何去聆听。缺乏聆听的技巧，往往会招致批评。如果销售人员仔细聆听消费者的意见回馈，就能够确定对方是否已经听清楚自己的讲解，得知对方是否已经了解了企业的产品。同时，销售人员也可以看出消费者所关心、愿意讨论的重点在哪里。

美国著名销售大师约翰·阿瑟曾这样总结："在销售过程中，销售人员不应只是自己滔滔不绝地介绍自己的公司或产品，而是应注意聆听，聆听消费者对产品的需要是什么，由消费者帮助你改变你的产品。"有时候，少说也是一种能力。

我拼命工作不是为了一日三餐。人生就是一连串面临挑战的过程，克服了一个挑战，再面临另一个新的挑战，再去克服它，在这个连续不断克服挑战的过程中，我获得了人生最大的快乐！

——日本推销大师　原一平

练习与实训九

一、选择题

1. 情绪不稳定，缺乏持久性与耐性，在销售业绩上表现为不是很稳定，忽高忽低，这类销售人员的个性类型是（　　）。

A. 疯狂狼型　　　　B. 沉默羊型　　　　C. 专家型　　　　D. 猎户型

2. 出于自尊、偏见等社会性心理因素而产生的拒绝为（　　）。

A. 彻底性拒绝　　　B. 隐蔽性拒绝　　　C. 一般性拒绝　　　D. 以上都不是

3. 一个人的能力有差异，但关键是看能发挥出来多少，这取决于（　　）。

A. 知识面　　　　　B. 热情　　　　　　C. 责任心　　　　　D. 交际能力

4. 掌握专业知识而征服消费者的销售人员类型为（　　　）。

A. 农夫型　　　　　B. 关系型　　　　　C. 专家型　　　　　D. 猎户型

5. 销售人员推荐商品时，不包括（　　　）。

A. 夸大其词　　　　B. 投其所好　　　　C. 肢体语言加以配合　D. 实事求是

6. 善于把握机会，一旦看到利益便奋不顾身地扑上去，更加强调投机的销售人员个性类型为（　　　）。

A. 关系型　　　　　B. 疯狂狼型　　　　C. 农夫型　　　　　D. 猎户型

7. 经过深思熟虑后做出的拒绝类型是（　　　）。

A. 一般性拒绝　　　B. 隐蔽性拒绝　　　C. 彻底性拒绝　　　D. 以上都不是

二、判断题（正确的打"√"，错误的打"×"）

1. 沟通要注意信息、思想和情感的统一。　　　　　　　　　　　　　　　（　　　）

2. 作为销售人员，和消费者沟通时必须伶牙俐齿，不必聆听他人的回馈。　（　　　）

3. 销售人员的"同理心"是指站在消费者对立方的立场上来考虑问题。　　（　　　）

4. 消费者产生购买欲望后，会立即产生购买行为。　　　　　　　　　　　（　　　）

5. 销售人员的仪表不会影响消费者对企业的认识。　　　　　　　　　　　（　　　）

6. 隐蔽性拒绝大多是出于自尊、偏见等社会性心理因素。　　　　　　　　（　　　）

7. 针对彻底性拒绝的消费者，销售人员要以极大的耐心着重弱化其拒绝的强度，转移注意目标，引导新的需要。　　　　　　　　　　　　　　　　　　　　　（　　　）

8. 和消费者沟通，就是要和他比赛，一定要压过对方。　　　　　　　　　（　　　）

9. 在商品质量区别不大的情况下，"专家型"销售人员往往比"关系型"销售人员更容易取得消费者的好感。　　　　　　　　　　　　　　　　　　　　（　　　）

10. 想买商品，但没有固定目标的消费者，销售人员应为其当好参谋。　　（　　　）

三、简答题

1. 作为一名销售人员，应该具备哪些心理品质？

2. 简述沟通的技巧。

3. 浅谈察言观色法。

四、实训题

第一印象——决定性的七秒钟

良好的第一印象会赢得对方一定的信任，愿意以合作的态度与你沟通。当你与别人进行沟通时，多长时间会形成别人对你的一个印象，或者准确地说第一印象？科学测试证明，当你出现在别人面前时，七秒钟就形成了别人对你的第一印象，所以在沟通过程前七秒钟要给对方留下一个良好的第一印象。

表情、眼神、衣着，一两句简单的问候语，还有简单的动作，这些形成了第一印象。在沟通过程中，你的表情、眼神是形成对方对你有一个良好印象，产生对你信任、合作态度的一个非常重要的因素。这就需要你在沟通之前，要做好一个必要的准备，以便给对方

能够留下一个很好的第一印象。

下面有12道题目，每道题目有三个选项，把你认为符合自己想法或做法的序号写下来，测试一下自己的沟通能力。

1. 与人初次会面，经过一番交谈，你能对他（她）的举止谈吐、知识能力等方面做出积极、准确的评价吗？（　　）

①不能。　②很难说。　③我想我可以。

2. 你和别人告别时，下次相会的时间地点是（　　）。

①对方提出的　②谁也没有提这事　③我提议的

3. 当你第一次见到某个人，你的表情是（　　）。

①热情诚恳，自然大方　②大大咧咧，漫不经心　③紧张局促，羞怯不安

4. 你是否在寒暄之后，很快就找到双方共同感兴趣的话题？（　　）

①是的，我对此很敏锐。　②我觉得这很难。　③我必须经过较长一段时间才能找到。

5. 你与人谈话时的通常坐姿是（　　）。

①两膝靠拢　②两腿叉开　③跷起"二郎腿"

6. 你同他（她）谈话时，眼睛望着（　　）。

①直视对方的眼睛　②看着其他的东西或人　③盯着自己的纽扣，不停地玩弄

7. 你选择的交谈话题是（　　）。

①两人都喜欢的　②对方所感兴趣的　③自己所热衷的

8. 通过第一次交谈，你们分别所占用的时间（　　）。

①差不多　②他多我少　③我多于他

9. 会面时你说话的音量总是（　　）。

①很低，以致别人听得较困难　②柔和而低沉　③声音高亢热情

10. 你说话时姿态是（　　）。

①偶尔做些手势　②从不指手画脚　③我常用姿势为言语表达做补充

11. 你讲话的速度是（　　）。

①频率相当高　②十分缓慢　③节律适中

12. 假若别人谈到了你兴趣索然的话题，你将（　　）。

①打断别人，另起话题　②显得沉闷、忍耐　③仍然认真听，从中寻找乐趣

评分标准

题目	选项①（得分）	选项②（得分）	选项③（得分）
1	1	3	5
2	3	1	5
3	5	1	3

题目	选项①（得分）	选项②（得分）	选项③（得分）
4	5	1	3
5	5	1	3
6	5	1	3
7	3	5	1
8	3	5	1
9	3	5	1
10	3	5	1
11	1	3	5
12	1	3	5
	合计：	合计：	合计：
总计：			

说明：

分数为0~22：首次效应差。也许你感到吃惊，因为很可能你只是依照自己的习惯行事而已。你本意是很愿意给别人一个美好印象的，可是你的不经意、缺乏体贴、言语无趣，无形中却使别人做出关于你的错误的勾勒。必须记住交往是一种艺术，而艺术是不能不修边幅的。

分数为23~46：首次效应一般。你的表现中存在着某些令人愉快的部分，但同时又偶有不够精彩之处，这使得别人不会对你印象恶劣，可是你也不会产生很强的吸引力。如果你希望提高自己的魅力，则首先必须在心理上重视，努力在"交锋"的第一回合显示出最佳形象。

分数为47~60：首次效应好。你的适度、温和、合作给第一次见到你的人留下了深刻的印象。无论对方是你工作范围内还是私人生活中的接触者，他们无疑都会有与你进一步接触的愿望。

参考文献

[1] 肖涧松. 消费心理学 [M]. 3 版. 北京：电子工业出版社，2016.

[2] 何洋. 消费心理学基础与实务 [M]. 2 版. 北京：电子工业出版社，2018.

[3] 尚徐光. 广告原理与实务 [M]. 2 版. 北京：电子工业出版社，2012.

[4] 薛长青. 营销心理学 [M]. 北京：北京师范大学出版社，2011.

[5] 朱吉玉. 消费心理学 [M]. 大连：大连出版社，2010.

[6] 冯丽华. 营销心理学 [M]. 2 版. 北京：电子工业出版社，2012.

[7] 河南省职业技术教学研究室. 销售心理学 [M]. 北京：经济科学出版社，2010.

[8] 林莉. 销售心理学基础 [M]. 4 版. 北京：中国财政经济出版社，2015.

[9] 彭聃龄. 普通心理学 [M]. 4 版. 北京：北京师范大学出版社，2012.

[10] （美）理查德·格里格，菲利普·津巴多. 心理学与生活 [M]. 19 版. 王垒，译. 北京：人民邮电出版社，2016.

反侵权盗版声明

电子工业出版社依法对本作品享有专有出版权。任何未经权利人书面许可，复制、销售或通过信息网络传播本作品的行为，歪曲、篡改、剽窃本作品的行为，均违反《中华人民共和国著作权法》，其行为人应承担相应的民事责任和行政责任，构成犯罪的，将被依法追究刑事责任。

为了维护市场秩序，保护权利人的合法权益，我社将依法查处和打击侵权盗版的单位和个人。欢迎社会各界人士积极举报侵权盗版行为，本社将奖励举报有功人员，并保证举报人的信息不被泄露。

举报电话：（010）88254396；（010）88258888

传　　真：（010）88254397

E-mail：　dbqq@phei.com.cn

通信地址：北京市海淀区万寿路 173 信箱

　　　　　电子工业出版社总编办公室

邮　　编：100036